あたりまえだけど
なかなかできない

上司の ルール

たいへんよくできました

嶋津良智

明日香出版社

優秀な部下を
より多く育成するのが
上司の使命だ！

なぜ部下に伝わらない？
そんな悩みに
ズバリお答えします！

部下と良好な関係を保ち、
絶えず成長と気づきを与えるための本

まえがき

「優秀な上司になるには、これからどうしたらいいのだろう…」

上司になって、初めて部下を持った人なら特に、こんなふうにとまどうのも当然です。

そこで、上司として何をするかを考える前に、あなたが部下時代に経験した「あの上司はすばらしかった」「あの上司は許せない！」というエピソードを思い出してみてください。そこにあなたが上司としてとるべき行動のヒントが隠されています。

ここで、私がまだバリバリの営業マンで、毎日外回りをしていた頃の話を紹介します。

台風が直撃している暴風雨の日のことです。私の上司が「今日は、契約が取れるまで、絶対に帰ってくるな！」と指令を出したことがありました。

私なりにその時の部門の状況を理解して、朝から一生懸命にがんばりましたが、残念ながら契約は夜になっても取れませんでした。「チェッ、こんな日に限って」と思いながら、すんなりと事務所に帰るわけにもいかず、結局戻ったのは夜中の一時を回った頃でした。

契約を取ることができず、気が重いままで事務所に戻ったら、なんと上司は先に帰っていて、すでにいなかったのです。「契約が取れるまで帰ってくるな」と言っておいて、部下が帰ってくる前に自分が帰ってしまうなんて、本当にひどい上司です。

そのとき私は「そんな上司には絶対にならないぞ」と心に誓ったものでした。（後で、私たちが帰社しやすいように、わざと先に帰ったと言い訳を聞きました・笑）

何の巡り合わせか、その出来事があってから半年後、その上司は転勤になり、私がその部署の上司になることになりました。

私が上司の第一歩としてやったのは、部下時代に「自分ならこうやる」「自分なら、絶対にこんなことはしない」「こうしたほうがいいんじゃないか」と感じていたことを一つずつ実行していくということでした。

すると、私の部署はぐんぐん成績を上げ、全国一位になって、表彰までされたのです。

この本で紹介するのは、そんな私の経験に基づいた一〇一の上司のルールです。基本的かつ即効性のあるものばかりを選りすぐりましたので、今すぐ現場で実行して、ぜひ魅力ある上司になってください。

上司のルール

あたりまえだけどなかなかできない

上司のルール

01

上司の仕事は部下を育てること

「あなたの仕事は何ですか？」

こう質問されたら、「経理です」とか「営業の仕事をしています」などと答える人が多いでしょう。

たしかに、あなたが属しているのは経理部や営業部かもしれません。しかし、上司になったからには、この答えでは困ります。

上司にはもっと大切な仕事があるのです。

それは、部下を育成するということです。部下の能力を開発して、最大限活用することが、上司に求められる仕事なのです。

上司になりたての頃は、部下時代の気持ちが抜けず、自分の仕事ぶりは会社にどう評価されるのか、自分や自分の部署は会社から、どのようなことが求められているのかなどに意識が偏ってしまいます。

もちろん、会社に何を求められているのかを意識することはとても大切です。しかし、部下時代と違って、自分だけがんばって成果を上げたとしても、会社が求めているレベルに到達することはできません。

上司というのは、部下を育て、部門全体の業績を上げることを考えなければならないのです。

そのためには、「がんばれ、がんばれ」と部下に発破をかけるだけでなく、戦略を与えるとか、売るための手段を教えるなど、仕事のやり方を教えてあげなければなりません。

「自分は部下時代に、上司から仕事のやり方など教わらなかった」という理由で、部下を教育しない人がいますが、それは大きな間違いです。

あなたは自分自身の力で成果を上げられたかもしれませんが、あなたの部下も同じだとは限りません。上司は、すべての部下に責任を持たなければならないのです。

部下を育て、能力を引き出すことができれば、部下一人ひとりの効率はアップし、結果として、部門全体の業績も上がることでしょう。

上司のルール

02

自分のノルマ達成は二の次でいい

「一ヶ月の売上目標は六〇〇万円だ！」

「一人あたりのノルマは、一〇件成約することだぞ！」

仕事をしていると、目標やノルマという言葉が日常的に飛び交っています。

ところで、目標やノルマという言葉について、じっくりと考えたことがありますか。

私は仕事をする上で、ノルマと目標を明確に区別しています。

まず、ノルマというのは、「これをやらなかったらクビにするぞ」「達成できなければ、給料が下がるぞ」などのペナルティーがあるものだと考えています。

一方、目標は、特にペナルティーはないが、目指すべきラインというわけです。

このノルマ・目標に対する考え方も、部下と上司では大きく違います。

部下時代は、個人のノルマ・目標について考えていれば十分でしたが、上司となったからには、部門全体の目標やノルマのことを考えなければなりません。

会社の形態、評価システムによって、若干の違いはありますが、上司は自分個人のノルマや目標よりも、部門の目標達成のことを優先すべきです。

部下に目標を達成させ、その結果として部門全体の目標を達成するという視点を常に持たなければならないのです。原則として、部門の売上目標が達成できていれば、上司自身の売上目標が達成できなくても、かまわないと私は考えます。

二〇〇六年のプロ野球、東京ヤクルトスワローズの古田敦也さんは、選手兼監督でした。つまり、プレイングマネジャーなので、チームと個人の成績の両方を考えなければなりません。この場合、「個人成績が良くてチームが最下位」というよりも、「個人成績が振るわなくてもチームは優勝」という方が、トータルとして高い評価を得られるのではないでしょうか。

上司も基本的には同じです。

だからこそ、部門のノルマ・目標を達成するために、どうしたら部下が個人の目標を達成できるかを考えるのです。部下一人ひとりの能力、特性、キャラクターなどを考え、どのように仕事を分配すべきなのか、上司としてどのようなサポートができるのかなど、部下のことを常に考えながら、仕事をすることが大切なのです。

上司のルール

03

あなたは、なぜそこにいるのですか？

自分は会社において、どのような存在証明があるのかを考えたことはありますか。簡単に言えば、「今、自分が会社からいなくなったら、この会社（部門・組織）は困るだろうか」と問いかけてみるということです。

もし、「困る」というのであれば、あなたは存在証明があるということです。

反対に、「困らない」というのであれば、存在証明が自分で理解できていないということでしょう。

自分の存在証明がわからなければ、きっと仕事をしていても楽しくないはずです。自分がなぜそこにいて、なぜその仕事をしているのか、どんな人たちの役に立てているのかを理解していないのですから、楽しく働けるはずがありません。

ぜひ、自分が今そこにいる価値を考え、なぜ必要なのかを感じ取ってください。

今、そこにいるからには必ず意味があります。自分で答えを導き出せないのであれば、周囲に聞いてみるのもいいでしょう。

さらに、どうしたら存在証明を膨らませることができるかを考えてみることも大切です。存在証明と言うと、「希有な能力を発揮する」とか、「リーダーシップを示すには…」などと考えがちですが、そんな大仰なことでなくてもかまいません。

一番いいのは「あなたのおかげで…」と言われることをたくさんつくることです。 人へ貢献する意識を持っていれば、それが波及し、積み重なったとき、あなたの存在証明は増しているはずです。

さて、あなたは今日、「あなたのおかげで…」と言われるような行為をいくつできたでしょうか。それをひとつでも多く積み重ねていけば、あなたは会社（部門）でなくてはならない存在へと育っていきます。

そして、あなたは上司なのですから、部下たちにも自らの存在証明について、考えさせてみるべきです。

部門全員の意識が変わり、存在証明の高い人たちの集団となれば、その組織が強化され、会社にとってなくてはならない部門になることは間違いないでしょう。

上司のルール
04

究極の仕事は自分の仕事をなくすこと

部下に仕事を任せることができずに、なんでも自分でやらないと気が済まない人、何もかも知らないと気が済まないという上司が、みなさんの周りにもいるのではないでしょうか。

そんな人たちに理由を聞いてみたら、「自分でやったほうが楽」「教える手間がいらない」「自分のほうが早い」などの答えが返ってきます。

上司のほうが経験豊富で、能力も高いのですから、上司自身がやったほうが早く、正確なのは当然です。そんなことを理由になんでも自分でやっている人には、「その分、部下が育たない」という深刻な副作用が発生していることに気づいて欲しいものです。

そもそも、上司は部下よりも高い給料をもらっています。会社は、部下と同じ仕事、部下でもできる仕事を、どんどん上司にやってもらうために、高い給料を払っているのではありません。

部下とは違う仕事、部下を育てる仕事などをするために、上司という立場が与えられているのです。

私は常日頃から、**「上司の究極の仕事は自分の仕事をなくすこと」**と言っています。

今まで自分でやっていた仕事をどんどん部下に任せて、上司自身の手が空いてくるようにするという意味です。そして、時間のできた上司は、さらに上の新しい仕事や違う仕事にチャレンジしていくのです。

さて、部下に仕事を任せたら、自分でやっていた頃より、時間がかかったり、精度が落ちたりすることもあるでしょう。初めてその仕事をするのですから、上司と同じ速度、レベルでやれと言うほうが無理な話です。

でも、そこであれこれと口を出し続けていては、部下は育ちません。**任せたら、放りっぱなしにしろというわけではありませんが、じっと待ち、我慢することも上司の仕事です。**

子育てだって、親は子どもが立てるようになったり、話せるようになったりするのをじっと待ちますよね。部下だって同じです。最初はうまくいかなくても、次は少しマシになるはずです。その次はもっと成長しているはずです。根気のいる作業かもしれませんが、そのように部下をスキルアップさせていくことが、上司の仕事なのです。

上司のルール

05

自分のスゴさをアピールするな

新たに上司になった人が陥りやすいパターンに、自分のスゴさを誇示しようとしてしまうことがあります。

スゴさを誇示するといっても、「どうだ、オレはスゴイだろう！」とか、「私はこんなことまで、できるんだぞ！」と自慢するというわけではありません。

自分のスゴさを誇示するというのは、非常に些細なシーンで行われているのです。

「課長、この問題の処理はどうしたらいいんでしょうか？」

「ああ、この件は、このようにしておけばOKだよ。それじゃあ、よろしくね」

という一見、なんの問題もなさそうなやりとりのなかで、上司は自分のスゴさを誇示してしまうのです。

問題を解決することは大事ですが、上司ならば、その問題が誰のものなのかを考えなけれ

ばなりません。部下の問題を上司が解決したのでは、部下が成長する機会を奪うことになりかねません。

新米上司であればあるほど、「早く部下に信頼してもらいたい」「自分を上司として、しっかりと認めてもらいたい」という気持ちが強いあまり、部下が困っていると喜んで手をさしのべたくなるものです。

しかし、それが必ずしも部下のためになるとは限らないのです。

部下たちは「さすが、課長！」「主任がいれば、安心です」などと言ってくれるかもしれません。

そんなことを言われれば、うれしくなるのも当然ですが、上司の仕事は部下に褒められて、喜ぶことではありません。

部下を育成し、部下の能力を引き出すことが仕事です。一人ひとりの部下を育てて、**上司であるあなたがいなくても立派に仕事ができるようにしてあげることが大切なのです。**

上司の存在価値は、そこにあるのだということを忘れないでください。

「課長がいてよかった」ではなく、「課長がいなくても大丈夫」と言われる上司をぜひ目指してください。

上司のルール
06

上司はワガママでいい

自分の上司に対して、「この人はワガママだな」と感じたことはありませんか。

上司に対して、ワガママだと感じたことがないという人のほうが少ないのかもしれません。

反対に、上司となってみて「今、自分はワガママなことを言っているな」とか、「これって、私の勝手なのかな」と思いつつ、話を進めていることも多々あるでしょう。

上司という生き物は案外ワガママなタイプが多いのも事実なのです。

私は、上司がワガママなのが悪いとは思っていません。上司であるからには、少しくらいワガママでも、自分のポリシーや頑固さを持っているならば、そのくらいでちょうどいいとさえ思っています。

ただ、上司のワガママを部下が受け止める場合、二つのパターンがあるということも同時に覚えておいてください。

まず、一つめは、上司のワガママを部下が好意的に受け止めてくれて、「すごく矛盾しているな。でも…」「本当に勝手だな。でも…」「頭にくるな。でも…」と考えてくれるパターンです。上司との信頼関係ができているために、上司のワガママを踏まえた上で、仕事をしてくれるケースです。これを私は「でもの原理」と呼んでいます。

一方、上司がワガママを言ったとき、「すごく矛盾しているから…」「本当に勝手だから…」「頭に来るから…」という感じで、どんどん否定的に捉えられてしまうパターンもあります。言うまでもなく、その上司は信頼されていないのです。これを私は「からの原理」と呼んでいます。

上司というのは、正しいことを言うから信頼されるのでも、ワガママを言うから信頼されないというものでもありません。

つまり、普段から、部下とのコミュニケーションを大切にして、部下にとって最良のことは何なのか、部下が働きやすい環境をつくるためにはどうしたらいいのかなどを考え、少しずつ信頼を積み重ねていくことが、一番大切なことなのです。

信頼関係を構築しているならば、「でもの原理」が働くものです。

上司のルール

07

愛は注いでも、情は注ぐな

上司になったからには、部下に対して、愛と情を切り分けて考えるべきだと私は思います。

仕事をしていれば、部下にきついことを言わなければならない場面にも遭遇するでしょう。

ミスを繰り返す部下とか、基本的なことを守ろうとしない部下など、上司としてはっきりものを言わなければならないことはよくあります。

そんなとき、「こんなことを言ったら、かわいそうだ」「これを言ったら、傷ついてしまうんじゃないか」と感じることだってあるでしょう。

ただ、やはり言うべきことは、ビシッと言わなければならないのです。

上司は部下に愛は注いでも、情を注ぐべきではないのです。

もちろん、上司が言ったことによって、お互いが嫌な思いをすることもあります。しかし、

それでも本当に部下のためだと思える愛があれば、いずれは理解されるものです。少なくと

も私はそう信じています。**言いたいことをハッキリ相手に言わないのは、相手を信頼していない証拠です。**

上司の立場で言えば、その部下を信頼し、今後も一緒に仕事をしていきたいと思うならば、きちんと言うべきです。

また、**愛を注いで、情は注がないという意味では、「本当にその部下のためになっているのか」という点を厳しく考えることも大切です。**

たとえば、本人は今の仕事を続けたいと思っても、別の能力を持っているのであれば、部署を異動させたほうが、もっと力を発揮できる場合もあります。もっと極端な場合、今の会社を辞めて、転職したほうがその部下にとって、幸せだということだってあるでしょう。

そのとき、情に流される上司ならば、その場の感情や感傷で話をするかもしれませんが、愛を注いでも、情は注がない上司ならば、「こうしたほうが君のためになる」ということをはっきりと伝えるものです。

情を断ち切っていれば、ときに厳しい決断をして、厳しい意見を述べなければならないこともあるはずです。しかし、それこそが本当に部下のことを考えている正しい上司の姿なのです。

上司のルール

08

汚れ役を買って出ろ

部下に嫌われる、部下に嫌がられるとわかっていても、やり抜かなければならないことが上司にはあります。

それは親が子どもを育てるのに似ています。子どもに好かれることだけをやろうと考えている限り、真の教育をしているとは言えません。

もうずいぶん前の話ですが、私は息子に「ゲームセンターに連れて行ってくれ」と言われたとき、「それはダメだ」と突っぱねたことがあります。

私にしてみれば、息子とゲームセンターへ行くことなど、わけない話です。息子にしてみれば、「ゲームセンターくらい連れて行ってくれてもいいだろう」と思ったに違いありません。

しかし、親としてゲームセンターに連れて行くことが、子どもの将来に役立つとは、どうしても思えなかったのです。したがって、「おまえがプログラマーになりたいとか、ゲーム機の開発の仕事をしたいから、と言ってきたときには、いくらでもゲームセンターへ連れて行く。でも、今は違う」と説明したことを覚えています。

似たようなことは、仕事の現場でも起こります。

あるとき、私は書類の提出期限を守れなかった部下に対して、「徹夜してでも、今日中に仕上げて、明日の朝一番に提出しろ！」と言ったことがあります。

実際には、明日会社で書類を作って、夜にでも提出してくれれば間に合ったものですが、あえて厳しい要求を部下にしたのです。そこでは、約束を守る大切さのほうを部下に教えたかったのです。

部下にしてみれば、そんなことは知りませんから、「なんで、今日中なんだよ」「明日の夜でも、間に合うだろう」と思ったかもしれません。

それでも、上司なら貫き通さなければならないときがあるのです。

その部下に対しては、翌日の朝一番に書類を受け取ったとき、なぜ、私がこの期限にこだわったのかをきちんと説明して、理解してもらいました。

上司は、汚れ役を演じることも必要ですし、「なぜ、厳しくしたのか」という部分を部下が理解するまで、きちんと説明することもまた忘れてはならないのです。

上司のルール

09

部下の能力を評価する基準を持て

部下を指導していると、すぐに成長するタイプもいれば、なかなか伸びていかないタイプがいます。すぐに成長するタイプが優秀なのは事実ですが、なかなか伸びていかないタイプの人がまったく能力を持っていないかというと、必ずしもそうではありません。

だからこそ、上司は、「この部下は、成長に時間がかかるタイプなのかな…」「時間さえかければ、いつか成長してくれるのかな…」「それとも、この業務において、単に能力がないのだろうか…」と思い悩むわけです。

もし、本当にその業務に関する能力を持っていないのならば、部署を変えたり、仕事を変えたりすることが、本人のためでもあるし、会社のためでもあります。

そのあたりの見極めが非常にむずかしいのはわかります。しかし、教育と称して、このまま続けさせても本人のためにならないことがわかっていながら、いつまでも自分の下で働かせておくわけにはいきません。これは部下を飼い殺しにしている典型的な悪い上司です。

そこで私は二年という基準を設けて、教育にあたっていました。二年経って、成長が見られなければ、部署を異動させるか、他の仕事をやってもらうか、あるいは向いていないことをきちんと説明して、他の会社を探してもらうなどの対処をとるということです。

この二年という期間は、あくまでも私のその時の基準であって、業務内容、立場、会社などによって、その期間は違ってくるはずです。ただ、どんな仕事であれ、必ず期間を設けておいてください。

私の関わっていた仕事の場合、二年で芽が出ないということは、本人の努力不足も含め、やはり向いていないと言わざるを得なかったのです。

もちろん、指導者の問題はあります。二年かかって成長した人が、優秀な指導者のもとであれば、半年で成長できたかもしれません。しかし、どんな指導者のもとであっても、二年間真面目に働いていれば、必ず何かしらの成長をするものだと判断していたのです。

今の仕事をあきらめさせたり、会社を辞めさせるのが、かわいそうだと思っている上司も多いでしょう。しかし、**自分が向いていない職場で、評価されないまま働き続けるほうが、本人にとってよっぽど辛いということを上司の側が認識しなければいけないのです。**

上司のルール

10

すべては自己責任

車両事故により電車が遅れて、そのせいで遅刻してしまったとしたら、それは誰の責任でしょう？

「そりゃ、鉄道会社の責任に決まってるだろう」と答えるのが一般的です。

たしかに、車両事故を起こした責任は鉄道会社にありますが、その電車が遅れないと決め込んで、乗車したのはあなた自身ではないでしょうか。要するに、遅刻をした責任はあなたにあるのです。

上司に限らず、仕事をするからには、すべてが自己責任であるという意識が必要です。私はそんな社員のことを「プロ社員」と呼んでいますが、誰もがプロ社員でなければならないのです。なかでも、部門を統括している上司なら、なおさらこの意識は重要です。

たとえば、部下がミスを犯したとき、「いったい、君は何をやっているんだ」「私に恥をかかせるんじゃない!」などと叱りつける上司がいます。

ミスをした部下にミスの内容を認識させ、反省を促すことは大切です。

しかし、同時に「上司として自分に落ち度はなかっただろうか」「上司として、このような指導や指示をしていたら、ミスをせずに済んだのではないか」と自分の問題として、振り返ることもしなければなりません。

「部下の成功は自分の手柄」「部下のミスは部下の責任」という上司がたまにいますが、それはいけません。上司として考えるべきことは、まったく逆なのです。

また、いくつかの会社や部署が合同で取り組んでいるプロジェクトなどの場合、「これはうちの管轄じゃないな」「これは、あそこが犯したミスだから、うちとは関係ない」と過剰なまでに、組織の垣根にこだわる人がいます。これも、大きな間違いだと私は考えます。

どんな問題でも、自分が関わっている限り、自分の問題として捉え、自分にできることはないかを常に考える姿勢が必要です。

上司が間違ったセクト主義を持っていると、当然、部下たちも自分のテリトリーにこだわるようになります。そうなると、責任を押しつけ合ったり、相手をフォローする意識がなくなるなど、組織が弱体化する原因となるので注意しましょう。

上司のルール

11

上司は誰よりも勉強しろ

「オレは忙しくて、とても勉強なんて手が回らないよ」と言いながら、まったく勉強をしない上司をよく見かけます。

きっと、忙しいのは事実でしょう。日々仕事をしていると、勉強・教育はついつい後回しになってしまうものです。自分の勉強、部下の教育、社員の教育など、すべての教育が後回しにされてしまうのです。

教育というのは、重要度は高いのですが、緊急度が低いので、「今すぐ手をつけなくても大丈夫だろう」と言いながら、ずっと放っておかれてしまう悲しい存在です。

しかし、上司としての仕事をまっとうするには、勉強することも非常に大切です。

たくさんの部下との関係を良好に保つためには、コミュニケーションの知識を蓄える必要があるでしょうし、時代の流れに取り残されないように、新しいビジネスモデルや成功している会社の話を知ることも大切でしょう。

それらの勉強時間を確保するには、日常業務とまったくかけ離れたものと考えるのではなく、仕事の一部に組み入れてしまうことです。

私は毎朝一時間、新聞や本を読む時間を取っています。そのほか、社外へ出かけるときには、必ず三〇分前に現地に着いて、その時間も勉強に充てるようにしています。そうやって、時間を確実に確保できるよう工夫しているのです。

勉強の内容としては、まず本や雑誌を読むことをオススメします。本は自分の知りたい知識や情報を深く掘り下げて知ることができますし、雑誌からは旬な情報を得ることができます。そのほか、いろいろな講演会を聞きに行ったり、セミナーを受けることも大いに価値があるでしょう。

部下のなかには、自分以上に勉強熱心なタイプもいるかもしれません。そんな部下を前にして「君は勉強熱心だねぇ～」「君は偉いねぇ…」などと、呑気に感心しているようではいけません。

上司ならば、どんな部下よりも勉強して、部下より一歩先を見通す目を養わなければならないのです。

上司のルール

12

切り離すな！
優先順位と時間管理

「ああ忙しい、忙しい。たいへんだ、時間がない」と大騒ぎしている人がいたら、「何が、そんなに忙しいの？」と尋ねてみましょう。

すると、その人は「じつは、今日中にこの報告書を完成させなければならないのに、取引先から呼び出されて…、おまけに、来週のプレゼンの準備もまったくできてないんです…」などと言ってくるに違いありません。

残念ながら、仕事ができない典型的なタイプと言わざるを得ません。

どんなに忙しかったとしても、仕事には必ず優先順位というものがあるはずです。

取引先に呼び出されたのならば、すぐに行かなければならないでしょう。ならば、その用事を済ませてから、社に戻ってきて報告書に取りかかるべきでしょう。来週のプレゼンは心配かもしれませんが、今すぐ取りかかるべき仕事ではないので、そのことで右往左往する必要はありません。

この例を見てもわかるとおり、**優先順位とは、時間管理と一緒に考えるものなのです。**

些末な例ですが、私は朝起きてから出かけるまでの行動でも、優先順位、時間管理をしっかり頭に置いています。

朝起きてから家を出るまでに、絶対にやらなければならないのは、着替えです。髪の毛のセットや歯磨きは最悪、会社でもできるかもしれませんが、着替えをせずに家を出るわけにはいきません。そこで、優先順位の一位は、着替えということになります。朝はいろいろやることがあって忙しいかもしれませんが、優先順位を考えれば、今すぐにやらなければならないことは一つなのだと気づきます。

優先順位のつけ方には、いろいろなやり方があります。

たくさん仕事があって、気が重いのならば、頭を使わずにできて、短時間で終わるものから取りかかるのも一つの手です。ルーチンワークから取りかかって、自分に勢いをつけるのもいいかもしれません。

また、じっくり考えることが必要な仕事は、他の仕事をすべて片付けるなど、集中できる環境を整えてから取りかかるというのも良い方法ではないでしょうか。

上司のルール

13

アクシデントを想定しておけ

「課長、この件について意見を聞かせて欲しいんですが…」

「主任、○△商事の件で、見積の金額を間違えてしまって、先方が怒っているんですが、どうしましょう…」

上司になると、いろんな部下から、さまざまな案件を持ち込まれます。

これは部下時代とは、大きな違いのひとつではないでしょうか。部下時代には、自分自身の都合だけで優先順位を考え、時間管理をしていれば、うまく仕事が回ったかもしれません。

しかし、上司は違います。

自分のコントロール下ではないところで、時間を割かなければならないケースがとても多くなるのです。 部下から予期せぬアクシデントを持ち込まれることもあるでしょうし、思わぬところから相談事を受けたり、やっかい事を対処しなければならないこともあるでしょう。

上司というのは、そういった要素も見越したうえで、優先順位を考え、時間管理をしておかなければならないのです。

分刻みのスケジュールをびっしり組んで、巧みな時間管理を自慢する人がいますが、それでは、上司としてアクシデントに対応できません。

それだけ、余裕のある時間管理をしなければならないのです。

また、時間に余裕を作るためにも、今まで以上に仕事効率を上げることも考慮しなければなりません。

自分一人なら、たくさん仕事ができるけれども、多くの部下を持つ立場になったら、仕事の質や量がダウンするというのでは、できる上司とは言えません。

上司ならば、時間に余裕を持ち、部下の動きを頭に入れながら、優先順位、時間管理を考えるべきです。そこまでして当然なのです。

では、部下に指示を与えることと、自分の仕事に取りかかることどちらを優先しますか?

部下に指示を与えなければ、部下が無駄な時間を過ごしてしまうかもしれません。そうなると、それだけ優先順位が上がりますね。上司とはそういったところまで考えながら、優先順位を決めなければならないのです。

上司のルール

14

忘れるためにメモをとれ

「課長、□□商事の杉本様から、進行中の企画について連絡が入っていますが…」

「以前、お話ししたプロジェクトの報告をさせていただきます」

「二時からの打ち合わせの資料を確認していただけましたか?」

上司ともなると、たくさんの案件を同時に抱えることは日常茶飯事です。そのため、情報を整理する力が、仕事の質を大きく左右することもあります。

そこで、大切なのはメモをとる習慣です。

「いちいちメモを取らなくても、ほとんどのことは覚えていられるよ」と胸を張る人がいますが、そんなことは自慢になりません。

そもそも、人間の頭の中のハードディスクの容量には限りがあります。もちろん個人差はありますが、無限の容量を持っている人などいません。したがって、たくさんの案件を抱えていれば、いつかはその容量がいっぱいになってしまうものなのです。どんなに覚えのいい人でも、「あれもしなきゃ、これも忘れないようにしなくちゃ」と常に考えていたら、集中して仕事に取り組むことはできません。そんな状態では、仕事の効率は落ち、期待する成果を上げられなくなってしまいます。挙げ句の果てに約束を忘れてしまうという最悪のパターンにはまってしまうこともあるでしょう。

そんな状態を回避するためにメモがあるのです。

メモをとることの最大のメリットは、ハードディスクの容量に空きをつくることができるということです。言い換えれば、**メモをとることによって、忘れることができるのです。**

もし、メモを取る習慣が身につかないならば、まず次の三つのルールを必ず守るという気構えを持ってください。

①後で書けばいいやという発想をなくす
②すぐに書けるように取り出しやすい場所にメモを入れておく
（スーツのポケットや鞄の外のポケット、ベッドの枕元とリビングの机の上など）
③誰に見せるわけでもないので、自分が書きやすいように書く

こんなちょっとした工夫からはじめてみてはいかがでしょうか。

上司のルール

15

書いて意識づけろ

紙に書くことは、いろいろな面で非常に有効です。

まず、仕事に優先順位をつけるときにも、私は紙に書くことから始めます。

「あれもしなきゃ、これもしなきゃ」と頭で考えているのではなく、紙に書くと仕事の全体像がはっきりし、重要度、緊急度なども正確に判断できるようになります。

また、メモをとる大切さでも述べましたが、紙に書き出すことによって、忘れることができる（頭のハードディスクに余裕を作れる）ので、目の前の仕事に集中することもできます。

さらに、紙に書くという行為には、驚くべき効果があります。

私は週に二回ほどスポーツジムへ通うようにしているのですが、忙しいビジネスマンにとって相当意識しないと、ジムに通うのはなかなかむずかしいものです。

そこで私は、スケジュール帳に毎日「スポーツジム」と書き込むようにしています。

すると、「ああ、ジムへいかなくちゃ」と思ったり、「今日は行けなくても、明日は行こう」などと意識するようになるのです。

なんだ、その程度のことかと思う人もいるかもしれませんが、紙に書く効果は驚くべき形で実証されました。じつは、最近スケジュール帳に「スポーツジム」と書き込まなかった月があったのです。ジム通いはもう何年も前からやっているので、自分では「スケジュール帳に書かなくても、それなりに行くだろう」と思っていたのですが、なんとその月はジムへ行く回数が激減してしまったのです。

また、ある人から教えてもらったデータによると、ビジネスマンの二〇％が目標を持っていて、そのうち五％が目標を紙に書き、さらに一％が毎日目標を紙に書いているそうです。

そして、毎日書いている一％の人は、ほとんどがその目標を達成しているということが、立証されているそうです。

ただ紙に書くという単純な行為ですが、それによって意識するようになり、その事柄についてのアンテナが鋭くなるという効果も得られるのではないでしょうか。

スケジュールや目標、アイデアなど、面倒のように思われても紙に書く習慣をつけてください。こういうちょっとした習慣が仕事の質を高めるのです。

上司のルール

16

判断に迷ったら部下に聞け

「この企画では、A案とB案のどっちを採用すればいいのだろう…」

「原材料の仕入先は、○○商事と△△商事のどちらを選べばいいのだろうか…」

上司として、判断に迷うケースがたくさんあります。

そんなとき、「自分は上司なんだから、自分自身でビシッと決めなければ…」と考えてしまう人もたくさんいます。

もちろん、最終的には責任者であるあなた自身が決断しなければなりません。しかし、悩んだり、考えたりするプロセスのすべてを、あなた一人で行わなければならないということでは決してありません。

そんなときには、一緒に仕事をする部下に聞くのが一番です。

「A案とB案で迷っているんだけど、君の意見を聞かせてくれないか」

「実際に取引先と付き合っている君にこそ、○○商事と△△商事のどちらを選ぶべきか聞いてみたいんだけど」

という感じで、どんどん部下に意見を求めるのです。

こんなふうに質問されて、「頼りない上司だな」「そんなことも自分で決められないのか」と思う部下はまずいません。むしろ、意見を求められて「信頼されているんだ」「期待されているんだ」とモチベーションを上げる部下のほうが多いのです。

私も上司になりたての頃は、妙なプライドが邪魔をして、部下に素直に聞くことができず、ずいぶんと独りよがりになったものです。

「こんなことを聞いたら、カッコ悪いんじゃないか」とか、「こんな質問をしたら、馬鹿にされるんじゃないか」などと考えてばかりいたのです。

しかし、上司だって、知らないこともあれば、迷うこともあります。たくさんのことを知っていたり、常に的確な判断を下せる上司になることはすばらしいことですが、その段階に達してないのに、無理をしても何のメリットもありません。

迷ったら、部下に聞く。

このスタイルでも、部下はきちんとついてきてくれるものです。

上司のルール

17

絵に描いたもちになるな

初めて、部下を持ったという新米上司は、どんな上司を目指せばいいのでしょうか。

これはなかなかむずかしい問題です。

「自分には、理想の上司像があるから、それを目指す！」

「尊敬できる自分の上司のやり方を真似してみる」

「テレビで観た上司の姿を自分なりに実践してみる」

などなど、いろいろな思いがあるかもしれません。

もちろん、理想を目指したり、尊敬できる上司のやり方を真似るのも悪くはありません。

ただし、無理をせず、自分らしくいることも必要なんだということも、忘れないでください。

私も上司になりたての頃、理想の上司を目指したものですが、がんばればがんばるほどに、上司としての自分の姿と、本来の自分個人の姿が遠のいていくのを感じました。

自分とはかけ離れた「理想の上司」を追いかけていくのは、辛く、苦しいものでもありました。

なにも、理想の上司、尊敬できる上司を追い求めていくことをあきらめようと言っているのではなく、今すぐに完璧な上司になる必要はないのだということを知って欲しいのです。

上司としての経験がないと、自分なりのものさしをもっていないので、つい自分が部下だった頃の上司と比較してしまいます。

しかし、尊敬できる先輩上司だって、最初からすばらしい上司だったわけではないでしょう。さまざまな仕事や部下たちとのコミュニケーションのなかで、少しずつ自分なりの上司像を見つけていったのではないでしょうか。

また、その人の上司像が、自分にもぴったりはまるとは限りません。一〇人の上司がいれば、一〇通りの上司像があるものです。

あまり無理をせず、まずは自分らしく部下と接することが、大切なのではないでしょうか。

そんな等身大のあなたを見て、部下たちは親しみを感じ、信頼してくれることだってあるはずです。決してすぐに完璧な上司になろうなんて、焦らないでください。

上司のルール

18

危機意識をもって先手を打て

仕事ができる人なら、ある程度は危機管理をしているものです。

来月の戦略を立てる場合でも、「このような可能性もあるから、少しコストを多めに見ておいたほうがいいな」とか、「このくらいの期間を見越しておいたほうが、安全だな」などと考えるでしょう。

しかし、実際にその月になってみると、月半ばくらいで、目標にまったく届きそうもないことがわかるなどということがあります。まさに、「ヤバイ、どうしよう」と右往左往するというシチュエーションです。

上司になれば、そんな問題が降りかかってくる可能性も増えるはずです。部下時代なら、自分の仕事さえうまくいっていれば、月の途中で慌てることもなかったかもしれません。しかし、上司ならば、自分の仕事の進捗状況のみならず、部下の仕事の進み具合にも大きく影響されます。

実際に、「ヤバイ、どうしよう」という状況になれば、緊急の対策会議を開くことになるのでしょうが、ただでさえ目標に届きそうもないのに、会議に時間を割いていては、さらに目標が遠のいてしまうでしょう。

そこで、私は「イエローライン戦略」という方法をおすすめしています。イエローラインとは、言い換えれば、黄色信号というわけです。

来月の目標を立てるときに、「来月の○日の時点で、△%まで達成できていなければ、黄色信号」というラインをあらかじめ決めておくのです。そして、イエローラインに引っかかるときには、どのような対策をとるということも、具体的に前もって話し合っておくのです。

すると、月の途中で「ヤバイ、目標に達成できないぞ」というとき、すでに考えてある対策を即座にとることができるというわけです。このようにスムーズに対応することができれば、現場の混乱を防ぐことができるばかりか、わざわざ対策会議を開く時間を省くこともできます。

上司となって、管轄する仕事や責任の幅が広がったなら、危機管理はより重要となります。甘い見通しではなく、常に最悪のケースを考え、イエローラインを設定しておきましょう。

上司のルール

19

朝イチで事務所へ行き、最後に帰れ

上司になりたての人というのは、まだ何の信頼も得られていない場合が多いことでしょう。部下にしてみれば、新米上司に対して「あの上司は、どんな人なんだろう」「信頼できる人なのかな」と見定めようとしている段階です。

そんなときには、**自分に対する信頼を少しでも早く勝ち取るために、自分ができることをとにかくやってみるという姿勢が大切です。**

そこでまず、朝一番に事務所へ行き、最後に帰るということを徹底してみましょう。

「そんな、くだらないこと…」と思う人もいるかもしれませんが、実際に誰よりも早く出社して、最後に帰るということを継続してみてください。

やってみると、じつに大変なことです。

そんな上司の姿を見た部下たちは「あの人、いつも一番に来て、私たちを迎えてくれるね」

とか「私たちが帰るときまで、必ず会社にいるね」などと言うようになってきます。

しかし、自分が部下だったときのことを思い出してください。仕事に追われ、終電近くまで残業するような日が続いたとき、必ず上司が残ってくれて、「毎日、遅くまでたいへんだね」と声をかけてくれたら、どんな気持ちになるでしょうか。さらに「だいぶ遅くなったから腹減ったろ。よかったら飯でも食って帰らないか?」と声をかけ、ご飯を食べながら普段会社でしないような話をしたらどうでしょう。

その上司に対する信頼度や親密度がアップするのではないでしょうか。

また、朝一番に事務所へ行き、最後に帰るということには、もう一つメリットがあります。

朝と夜、部下がいない時間帯に自分の仕事をするようにすれば、部下がいるときには、部下と向き合う時間を多くとることができます。部下と会話をすることもできるでしょうし、部下がどのように仕事をしているのかを見ることも可能となります。

上司が自分の仕事に没頭するのではなく、余裕を持って、部下のことを観察することができれば、部下の表情や仕事ぶりなどから、困っているポイントを見つけ出したり、仕事配分が正しいのかどうかなどを確認することもできます。いつも遅くまで残っている部下がいたら、上司として、どうしたら効率よく仕事をさせられるかも考えてみるといいでしょう。

上司のルール

20

自由と規律のバランスが大事

上司が部門を統率し、部下を引っ張っていくためには、ルールや規律が不可欠です。

「このやり方は自分には合わないので、自分流でやらせていただきます」

「共有しているデータベースの形式はあまり好きではないので、私だけ別のシステムを使うことにしました」

何てことをそれぞれの部下が言い出したら、それこそ部門はバラバラになってしまいます。

部門はひとつのチームですから、最低限のルール、規律をつくって、全員がそれを守らなければなりません。また、上司の考え、マネジメントポリシーを実現するためにも、規律を定めて、部下を管理する必要性はあるでしょう。

ただ、ここで注意して欲しいのは、部下を規律で縛りつけてはいけないということです。

「このやり方がルールだから…」

「規則で決まっているから、こうしておけばいいんじゃないか…」

とばかり思うようになってしまったら、部下は自分で考えることをしなくなり、能力を最大限に発揮できなくなるでしょう。そればかりか、ミスをしてもルールのせいにできてしまいます。

規律を守るという裏側には、「自分で考え、自分で判断し、実行している」と部下が感じられるような自由裁量を認めることも必要なのです。

そもそも、人間は、自分で考え、自らの判断で行動しているときが、もっとも大きな成果を上げます。そのためにも、上司としては、部下が自ら判断し、行動する環境をつくってあげることも重要な責務です。

自由と規律というのは相反する要素ですが、この二つをバランスよく織り交ぜながら、部門をマネジメントしていくことを常に意識することが大切なのです。

この機会に、部門全体を見直してみてください。

規律が少ないために、部下が勝手な動きをして、部門が正しい方向へ進んでいないなんてことはありませんか？　反対に、自由が少なすぎて、部下が自らの判断で行動しなくなってはいませんか？

上司のルール

21

耳にタコができるまで言い続けろ

伝えるべきことを、誰にでもわかる言葉で言い続けるというしつこさは、上司としてとても大切な能力です。

上司が部下を叱りつけているシーンを覗いてみると、

「前にも言ったことだろう！」

「いったい、何度言わせれば気が済むんだ！」

というフレーズがよく使われています。

一度言ったことをしっかりと理解して、実行して欲しいという気持ちはわかりますが、いつでも、誰にでも、すんなりと理解してもらえると思うのは、ちょっと甘いでしょう。

上司のなかには、一度伝えたことは、「相手も理解した」と勝手に解釈して、二度、三度と言わないというタイプの人もたくさんいます。

しかし、本当に大事なことは「もう、わかったよ」「勘弁してくれよ」と相手が思い、耳にタコができるくらい、繰り返し言うことも必要なのです。

部下たちに「しつこい」「うるさい」と思われることを恐れずに、繰り返し言えるというのは、立派な能力です。

おもしろいことに、「しつこい」と思われながら、何度も同じことを言い続けた部下が、後々自分の右腕として大いに力を発揮してくれるということがよくあります。それだけ、思い、考え、理念というものを共有できているため、黙っていても同じ方向へ走っていけるということなのです。

会社を経営している立場から言えば、会社が小さな頃、私の近くで同じことを何度も言われた社員たちが、成長した会社でも幹部となっているのです。

自分の考えや理念を理解してくれた部下たちというのは、さらにその部下たちにも、同じように大切なことを繰り返し言い続けてくれるものです。そうやって、共通の意識を持ち、組織全体の文化へと育っていきます。

最初はたいへんだと思いますが、大事なことは、言葉を変え、言い方を変え、切り口を変え、例え話を変えるなどして、しつこいくらいに言い続けてみてください。

上司のルール

22

「すごく」というな。数字で示せ

「この業界はすごく儲かっている」

「あの会社は、最近ずいぶんと伸びているようだ」

「最近、あいつはぐんぐん成長しているぞ」

仕事をしていると、こんな感じの話をする機会もよくあります。雑談として話すぶんにはもちろん問題ありませんが、ビジネスの現場では、もう少し物事を明確にして、伝えたいものです。

「この業界はすごく儲かっていて、あの会社はわずか五人のプロジェクトで、年間三〇億円を稼ぎ出したんだ」

「あいつは、月に平均二件しか契約が取れなかったが、ここ三ヶ月は最低でも五件取れるようになったぞ」

このように、数値化して表現することで、説得力が増し、リアルに相手に伝えることができるのです。

これには、アナログのこと（漠然とした印象など）を、いかにデジタル化して伝えられるかという部分で、情報収集力と分析的思考力が必要です。

数値化して、デジタルな表現をすれば、あいまいな部分をできるだけ排除して、共通理解にすることができます。単に「儲かっている」と言っても、業界や業態、会社の規模、従業員によって、金額も大きく違うでしょう。そういった部分を明確にして、「儲かっている」とは、どんな状況、どんなレベルの話をしているのかをはっきりさせることができます。

上司が部下に話をする場合、はっきりとした情報が伝わっていないと「そんなつもりで言ったんじゃない！」「その程度のレベルの話なわけがないだろう！」と、部下の誤った解釈を非難することがあります。

しかし、上司ならば、部下が解釈を間違わないように、明確な話し方をしてあげる配慮が必要です。そのためにも、数値化して、より具体的な例を挙げることをオススメします。

情報収集、分析的思考力が磨かれると、話が明瞭になるばかりでなく、今後の経営方針、指導すべき内容なども、より正しく、早く判断できるようになるでしょう。

上司のルール 23

いまの仕事を捨てろ

「従来のやり方に限界が見えてきたので、やり方を変えるべきだろうか」

「部下から、新しいビジネススタイルを提案されたが、採用すべきだろうか」

「ビジネスセミナーで学んだ方法があるが、自分の職場で試してみるべきだろうか」

日々、仕事をしていれば、新しい取り組みをするべきかどうかで、思案することもたくさんあるでしょう。

そんなとき私は、**「今あるものを捨てる勇気を持とう」**と自分に言い聞かせるようにしています。

現状はうまくいっているからといって、その方法にしがみついて、新たな取り組みや改善をまったく行わなかったら、いずれ問題が発生し、崩壊していってしまいます。

それぞれの部署、部門には、習慣的に続けられているやり方やスタイルというものがあります。新たにその部門のリーダーとして赴任してきたあなたが、まったく新しい方法を押しつけることがベターだとは決して思いません。

しかし、「前任者がこうやっていたから…」「今まで、これで問題なかったから…」という理由だけで、古い方法や体質を引きずっているなら、ぜひとも一石を投じるべきです。

「もっといい方法はないだろうか？」

「一年後、二年後を見据えて、現状のままで問題ないだろうか？」

など、よりよい方策を考える文化を持ち込むことは非常に価値があります。

日本では「1＋1＝？」という正解を求める教育ですが、アメリカでは「□＋□＝5」というように、他の方法はないか、よりよい策はないかと考える教育が施されています。

仕事の現場で必要なのは、むしろアメリカ教育のような考え方です。

新しいことを取り入れようとするとき、「本当にうまくいくだろうか」「失敗したらどうしよう」という不安がよぎることも数多いことでしょう。

しかし、物事には賞味期限があるので、現状維持というのは少しずつ後退しているのだということを忘れないで欲しいのです。それならば、失敗を恐れず、ぜひ新しいことに挑戦してみてください。

上司のルール
24
約束は絶対に守れ

上司となったからには、約束を守ろう。

そんなことを言うと、「なんだ、あたりまえのことじゃないか」「そんなことなら、小学生でも知ってるよ」と感じる人も多いでしょう。

たしかに、あたりまえのことです。

ですが、私の信条は、**「誰にでもできるあたりまえのことを、誰もができないくらい徹底して続けること」です**。あたりまえのことを軽んじている人は、得てしてあたりまえのことができずに信頼を失っているものです。よくあるのは、お酒を呑みながらや、昼食をとりながら、一緒に歩きながら、何気なく軽い気持ちでした約束を忘れるパターンです。

さて、**約束を守るといえば、その第一歩は時間を守るということです**。

時間というのは、それぞれの人にとって非常に大切な資産です。その資産をうまく使えば、利回りが高まり、大きな利益を得ることができます。反対に、資産を有効に使えなければ、利回りが低くなり、ときには損をしてしまいます。

もし、あなたが約束の時間に遅れてしまったとしたら、相手の大切な資産を無駄にしているのだ、ということを肝に銘じてください。

会議をするとき、遅れた人を待っているなんてケースがたまに見受けられますが、これほど馬鹿馬鹿しいことはありません。たった一人のせいで、そのほか多くの人が時間という大事な資産をどんどん投げ捨てているからです。

私は、遅刻者がいても、かまわずに会議をスタートさせます。私を含め、時間を守っている人間の資産が無駄になるのを黙って見過ごすわけにはいきません。

上司は、部下に対してでも、甘えることなく、しっかりと時間や約束を守るべきです。その積み重ねが、信頼を生み、人間関係を円滑にしてくれるのです。

信頼というのは、筋肉のようなもので、一日二日のがんばりですぐに得られるものではありません。長い間、地道に積み重ねた末に得られるものなのです。

あたりまえのことを軽視せず、誰もができないくらい徹底して、継続してみてください。結果として、きっと大きな信頼が得られるはずです。

上司のルール
25

言行を一致させろ

言っていることと、やっていることが違うというのは、上司として部下にもっとも信頼されないパターンです。

どんなにすばらしいことを言っていたとしても、「あの課長は、言っていることと、やっていることが全然違うからなぁ」「どうせ、口だけだろう」と思われているようでは、誰もついてはこないでしょう。

どんなポジションの人でも、言行を一致させることは大切ですが、部下からの信頼を得る必要がある上司であればなおさらです。

「生き残りのために、徹底的にコストを削減していく」と言っている上司自らが、接待などで大金を使っていたら、部下たちはどう思うでしょうか。

自分たちだけが、経費節減で不自由な思いをしていると感じて、モチベーションは低下してしまうでしょう。

言行一致に関して、おもしろい話があります。

ある二つの会社があって、一方の社長は「お客様と従業員を大切にする」と宣言して経営していたのですが、もう一方の社長は「従業員に株を持たせるなんてもったいない。いい思いをしたかったら、従業員も自分で会社をつくればいいんだよ」と言っていました。

普通に考えれば、前者の社長の言っていることのほうが正しく、従業員からの信頼も得られるように思えます。

ところが、前者の社長は言うことは立派でも、実際には自分の利益しか考えていない経営者だったのです。そのため、前者の会社はつぶれてしまい、後者の会社が残ったのでした。

言っている内容が正しいかどうかは別として、リーダーというのは言行が一致していることが、非常に大切なのです。**リーダーシップの根本にあるのは、「責任を持つこと」にほかなりません。だからこそ、自分の言ったことには、責任を持つのは当然のことなのです。**

あなたも、自分の言葉に責任を持っていますか。どんなに立派なことを言っても、行動が伴わなければ、部下たちはシラけてしまいます。もう一度、冷静に自分の行動を振り返ってみてはいかがでしょうか。

上司のルール

26

一人の部下でも本気でかかわれ

上司ともなれば、部下が一人だけというケースはまれです。複数の部下を持つというケースのほうが一般的なはずです。なかには、一〇名以上の部下を持っているという人もいるでしょう。

たくさんの部下を持っていると、全員（あるいは複数）の部下の前で話をするときには力を注ぐが、一対一の関係のときにはついつい力を抜いてしまっているという人も、たまに見かけます。

「ただでさえ忙しいのに、一人ひとりの部下とじっくり向かい合うなんて無理」というのは、たくさんの部下を持つ上司の本音かもしれません。

しかし、この態度には大きな問題があります。

一対一で部下と向かい合っているとき、あなたは目の前の部下のことだけを見ているのかもしれません。しかし、その部下の後ろには、あなたの部署全員がいるということを忘れないでください。

もし、あなたが一人の部下に対して、いいかげんな態度をとったとしたら、その部下は「加藤主任は、まともに話を聞いてくれなかったよ。忙しいのかもしれないけど、適当にあしらわれた感じだな」と、他の部下にも話すものです。

すると、部署の全員に「部下の話を聞いてくれない上司」「適当な返事しか返さない上司」という認識をもたれかねません。

こうなってしまうと、朝礼など全員の前で立派なことを言っても、まるで説得力がなくなってしまいます。

一方、一対一のとき真剣に応対して、部下に信頼を得ることができれば、その部下は「意外に、真剣に話を聞いてくれたよ」「個人的に話せば、ちゃんとわかってくれる課長だよ」とみんなに話してくれるものです。すると、ほかのメンバーからの信頼も得られ、相談や報告を受けやすい環境が出来上がっていくのです。

上司にとっては、たくさんいる部下の一人という感覚かもしれませんが、決してあなどってはいけません。一人の部下の後ろには、常に部門の全メンバーが控えているのです。

上司のルール

27

「いい人」ではなく「いい上司」になれ

いい上司とは、どんな上司のことでしょうか。

そんな質問を投げかけてみると「優しい上司」「部下を思いやってくれる上司」「楽しい上司」などの答えが返ってくることがありますが、果たしてそれは本当にいい上司でしょうか。

たしかに、優しい、思いやりがあるというのは、人間としてすばらしい素養だとは思います。上司だって、そのような素養を身につけていないよりは、身につけていたほうがいいでしょう。

ただ、それを持っていれば、いい上司というわけではありません。

いい上司とは、目標達成のために組織を統率し、目指す方向へ導いてくれる人のことです。

あるいは、部下を育成し、能力やモチベーションを引き出し、部下に目標を達成させてあげられる人こそ、いい上司というものです。

上司自身と会社の方針にズレが生じてしまった場合、「私はこのやり方には納得できないのだが、会社としてやると決まってしまったので、仕方がないのでみんなもがんばってくれ」という言い方をする人がいます。

しかし、この言い方は非常に卑怯だと私は思います。部下に対して、なんとなくいい人になりたいだけで、決していい上司とは言えません。

納得できないならば、徹底的に会社側とやりあえばいいのです。それでも、自分の意見が通らなければ、そこはしっかりと切り替えて、目標達成のために全力を注ぐべきでしょう。

部下がモチベーションを落とすようなことは、間違っても口にしてはいけないのです。

ときに、上司というのは辛い立場かもしれません。それでも、部門の成績、部下の成績について、責任を担っていることはたしかなのです。だからこそ、自分が納得しているか、好きな仕事か嫌いな仕事かなどを超越したところで、仕事にかからなければならないことも多々あります。

どんなときでも、部下が積極的に能力を発揮し、目標を達成することを最優先に考えることこそ、上司のあるべき姿なのです。

上司のルール

28

心のなかに第三者の目をもて

上司だって人間なので、さまざまな欲を持っています。

金銭欲、ビジネス欲、性欲、自己顕示欲、そして食欲など、欲にはたくさんの種類があります。しかし、仕事をしていくうえでは、これらの欲をしっかりとコントロールしていく必要があります。つまり、セルフマネジメント能力を常に念頭に、ということです。

セルフマネジメント能力は、上司に限らず、どんな立場の人にも必要なものですが、やはり大きな権限、責任を担っている上司には、特に必要と言えるでしょう。

セルフマネジメントがしっかりとできていない上司は、「好きか、嫌いか」「やりたいか、やりたくないか」などの尺度で判断を下してしまいがちです。

「○○物産の担当者より、△△商店の人のほうが好きだから、○△商事から仕入れることにしよう」

「部下の鈴木より、森田のほうが気に入ってるので、この仕事を任せよう」

このような判断を下していると、本当に大切なこと、必要なことを見失い、部下の成長を妨げたり、部門の業績の足を引っ張ったりすることに繋がります。このような考えで判断している人が経営者や会社幹部だとしたら、会社をつぶしてしまうことだってあるでしょう。

上司なら、私利私欲を超えたところで「会社にとって本当に必要なのか」「この取引先を選ぶことで、会社に利益をもたらすのか」「好き、嫌いではなく、正しいのか、どうか」という尺度で判断しなければなりません。

このような判断をするには、自分の心の中に第三者の目を持つことが効果的です。第三者の目を持つコツとしては、自分の家族や親兄弟に胸を張って言えることかどうかを考えてみることです。そうすることで、常に客観的にものごとを捉えることができます。もし親兄弟に胸を張って言えないような、個人的事情で判断しているときには、警鐘を鳴らしてくれるでしょう。

部下や会社全体に与える影響の大きさを自覚し、「したいこと」ではなく、「すべきこと」を優先して判断できるように高い意識を持ちましょう。

それこそが、セルフマネジメント能力なのです。

上司のルール

29

心の筋肉を鍛えろ

成果は能力と人格によって形成される。

これは私が上司になったばかりの頃に教わった言葉です。それから、私も上司としてのキャリアを積んできた経験から考えても、成果は能力と人格によって形成されるものだと確信しています。

ただ、一つ注意しておきたいのは、部下として働いているとき、上司になったとき、さらに偉くなっていったときなど、それぞれの段階を考えてみると、この能力と人格の関係というのは少しずつ変化するということです。

まず、部下として働いているときは、「成果＝能力＋人格」という公式が成り立っています。極端な話、能力が一〇〇あれば、人格がゼロだったとしても、一〇〇の成果が上げられます。

しかし、上司となり、さらに立場が上になるにつれて、「成果＝能力×人格」に公式が変わっていきます。どんなに能力があっても、人格がゼロならば、成果もゼロになってしまうのです。

つまり、**立場が上になればなるほど、能力と人格のバランスが必要になってくるということです。**

「たしかに、あの人は仕事がすごくできるけど、誰も人がついていかない」とか、「営業成績が一番で主任になったけど、部署の売上のほとんどを本人があげている」というケースを見たことがあるのではないでしょうか。

これは、まさに能力は高いけれども、人格（リーダーとしての資質など）が不足しているばかりに、部門全体としての成果が上げられないという好例です。

上司になれば、部下時代とはまったく違う人間関係、コミュニケーションが求められます。「オレは、自分流でいく」というのも悪くはありません。しかし、部下が成長せず、成果が上げられないのであれば、コミュニケーションの方法、指導方針などを柔軟に変えていくことが必要となってきます。

柔軟なコミュニケーションを図る際、能力よりも人格の方が重要です。だからこそ、人格を鍛える、つまりは心の筋肉を鍛えることが大切なのです。

上司のルール

30

できる社員の六か条を知る

私は経営のアドバイスをする関係上、多くの社長と話す機会があります。そんな社長たちと話すなかで、実績を出す社員には、六つの共通項があるという結論に達しました。

① 物事を考える力

思考力とも言えるでしょうが、とにかく考える力が優れているということです。むずかしいことをやさしく、浅いことを深く、つまらないことをおもしろく考える能力のことです。

② 素直さ

武道の世界には「守・破・離」という言葉があります。まずは素直に真似る（教えを守る）ところから始めて、次に自分なりに変化を加えてみて（従来のやり方を破ってみる）、最後に自分独自のスタイルを確立していく（教えから、離れていく）という意味です。

したがって、素直に真似る（教えを守る）ことができるのも一つの能力と言えます。

③ 好奇心

向上心とも言い換えられるかもしれません。物事に対して「なぜ」「なんで」と普通の人では感じない素朴な何かを感じ取れる力は、成長するうえで貴重な能力となります。

④ 負けず嫌い

実社会は競争社会です。「自分に負けない」「あいつに負けたくない」「誰にも負けたくない」という思いが、人を成長させるエンジンになると私は考えています。

⑤ 責任感

責任感が強い人というのは、物事を途中で投げ出したり、逃げたりしないものです。目標を達成するまで食らいつき、自分の問題としてトライし続けるタイプです。このようなタイプを部下に持つと、上司としてはとても仕事がやりやすくなるでしょう。

⑥ 行動力

知識と行動の間には深い溝があります。分かっているのにやらない人が多い中で、できる人は「行動が成果を変える」という大原則に従い、決断してからの行動が早いのです。

上司のルール

31

自分の売っているものは何？

「あなたの会社で売っているものは何ですか？」と質問されたら、あなたはどう答えますか？「コンピューターです」「自動車です」「家です」「ソファです」などと答えるとしたら、ビジネスパーソンとしては「いまひとつ」だと思います。

たとえば、ディズニーランドの社員、役員の方たちに同じ質問をしたら、「スペースマウンテンです」「ビッグ・サンダー・マウンテンです」「イッツ・ア・スモールワールドです」という答えが返ってくるでしょうか。

おそらく、違うでしょう。彼らの答えは、「人々に対して感動を提供しています」とか、「子どもたちの笑顔、喜びです」などではないでしょうか。

つまり、商品そのものはあくまでも手段であって、最終的にお客様にどんなものを提案できるのかという部分に注目しているのです。

それは、どんな商品でも同じことです。

ベッドを売っているならば、ベッドという商品を通して、最終的にお客様に提案したいことはなんなのかを考えなければならないのです。それは、安眠であったり、人間の体に負担がかからず、さわやかに目覚められることだったり、さまざまでしょう。

ものを売るということは、商品そのものからお客様が何を得られるか、その価値を提案しているのです。そこで、上司と部下、あるいは部門全体で、いったい何を売っているのかという部分を共有することが大切なのです。

同じようにベッドを求めている人でも、安眠を求めている人もいれば、部屋のインテリアとしてデザインを重視しているお客様もいます。そのニーズに応じて、どんな商品がフィットするのかというところを、部門で共通の認識を持つことが必要なのです。

商品知識と言ってしまえば簡単ですが、そんな単純なものではありません。

その商品が持つ付加価値をしっかりと理解し、共有することで、部門全体として、お客様のニーズに敏感にもなるでしょうし、ニーズに即した販売戦略を打ち出せるようになるはずです。

自分たちは何を売っているのか。まずは、そこからしっかりと確認してみましょう。

上司のルール

32

真実の一五秒

一階から二階に上がるエレベーターの中で、たまたまお客様と一緒になったとします。時間にして、わずか一五秒程度のことです。

さて、上司ともなれば、この一五秒の間に、自分の会社や扱っている商品の魅力を伝えきらなければなりません。

これを私は「真実の一五秒」と呼んでいます。

エレベーターの中に限定されるわけではありませんが、一五秒で自社や商品の魅力を伝えるのはかなりむずかしいことです。一度試してみるといいと思います。

ここで大切なのは、自分の会社、自分の扱っている商品のことをしっかりと理解して、簡潔にまとめるという作業を日頃から行っておくということなのです。

自分のことや自社のこと、商品のことなどを売り込もうとする場合、だらだらと話してしまうことがよくあります。パーティーなどで名刺交換をする際、自分や自社のことを長々と説明する人がいますが、まさにあのパターンです。

しかし、そんな話を聞かされているほうはどんな気持ちになるでしょうか。「もう、いい加減、やめてくれないか」「いつまで続ける気なんだ」と、うんざりしているに違いありません。

上司になれば、部門を代表して応対する機会も増えるはずです。そうなれば、あなた自身の話し方次第で、部門全体、ひいては会社全体が評価されてしまいます。

そのため、常日頃から「自分の会社の強みは何なのか」「何をしている会社なのか」「どんなものを売ろうとしているのか」「何で他社と差別化しているのか」「どんな方向へ向かおうとしているのか」「どんな考えを持っているのか」などを考え、整理しておくことが必要でしょう。

エレベーターやパーティー、休憩時間など、ちょっとした時間で、簡潔に自社や商品の魅力を伝えられれば、それだけ好印象を与えることができるはずです。**ポイントは、「えっ、何それ」「どういうこと?」と相手に思わせることです。**短く話すからこそ、強い印象を与えられるということもあるので、ぜひ普段から準備をしておきましょう。

上司のルール

33

人脈をつくり、周囲へ貢献

上司になると、部下時代とは人間関係にも違いが出てきます。

たとえば、部下時代には「あの人は好きだな」「あの人とは気が合わないな」という個人的な好き嫌い、相性などでつき合う相手を選んでいたという人もけっこういるのではないでしょうか。

しかし、上司となれば、もっと視野を広げて、人とつき合っていかなければなりません。ビジネスライクな視点で言えば、「この人は何かあったとき力になってくれそうだ」「今後ビジネスを展開していくうえで、この人とのつき合いが必要になりそうだ」などを考えなければならないのです。

というより、上司として日々暮らしていると、だんだんとそういう視点が身についてくると言ったほうが正確かもしれません。

上司は、部下からさまざまな問題を持ち込まれます。つまり、自分が部下の時代とは比較にならないくらいトラブルに巻き込まれる機会が増えるということです。

そんなとき、助けてくれる人脈を持っているのと、持っていないのでは、雲泥の差が出てきます。

実際、私もお客様から「大至急、工事してくれ」という無茶なオーダーを受けたことがあります。そのとき、たまたま社内の工事担当者と個人的に仲良くしていたため、すぐに手配してくれたということがありました。その担当者は「いつもなら、絶対に断るケースですが、嶋津さんだからOKしたんですよ」と言っていました。

仕事をしていれば、これに似たケースはいくらでもあるでしょう。

もし、個人的な人脈、ルートを持っていたために、部下のトラブルを解決できたとしたら、部下からの信頼も一段上がります。

そのためには、普段から仲良くしておくということのみならず、**相手のためにできることがあれば、積極的に動いて、相手に貢献することも忘れてはいけません。**

相手を助けてあげることができれば、いつか必ず助けられる日が来ます。だからこそ、労力を惜しまず、ぜひ周囲へ貢献することを心がけてください。

上司のルール
34
物事は三つの視点でとらえろ

「課長！　○△商事の商品は単価が一〇〇円ですが、△□物産は単価が八〇円なので、仕入先を○△商事から、△□物産に変えましょう」

「そうだな、安いほうにすぐ切り替えよう」

こんな会話で、すぐに決定を下してしまうとしたら、上司としてはちょっと思慮に欠けるとは思いませんか。

もちろん、仕入れ値は安いに越したことはありません。しかし、取引先を決めるならば、その会社や倉庫の場所によっては運送費が違うでしょうし、そもそも商品の品質に差があるかもしれません。また、商品を安定供給してもらえるようなルートをしっかりと持っているのか、あるいはすぐに経営が傾くなんてことがないような経営状態を維持しているのかなど、さまざまな点を考慮すべきです。

要するに、上司は多面的、長期的な視点で判断することが必要なのです。

物事を一方だけから見ていると、得てして重大な見落としをしてしまいがちです。多面的に見る意識を持っていれば、想像もしなかった複数のメリットを発見したり、巧妙に隠されたデメリットの存在に気づいたりします。そのぶん、メリットやデメリットをきちんと考慮して、的確な判断ができるようになるのです。

また、目先の些細なことにとらわれていると、後々大きな痛手をこうむることもあるので、時代の流れ、業界の動きなども考慮した長期的な視点は不可欠です。

そして、上司は具体的な考え、表現をすることも大切です。

部下から報告を受ける場合もそうです。「○△商事より、△□物産のほうが安いので、そっちがいいと思います」という報告は、具体性に欠け、物事の本質が見えていません。話を聞くときでも、話をするときでも、具体的でなければ、説得力に欠けていて、実際の行動に移すこともできません。

長期的、具体的、多面的という三つのキーワードをぜひ覚えておいてください。この三つを意識して考えていけば、いろいろな発想が生まれ、どんな問題でも打つ手が必ず見つかるものです。

上司のルール
35
小事こそ大切に

「嶋津さんは、小さいことにはうるさいのに、大きなことには寛大ですよね」とよく部下に言われていました。

実際、あいさつや掃除、机の上の整理整頓や遅刻をしないことなどは、かなり厳しく言い続けましたが、仕事上の大きな失敗などについては寛大な部分が多かったのかもしれません。

そもそも、**私は部下に小事こそ大切にしなければならないと言い続けています。**

有名なハインリッヒの法則でも、一対二九対三〇〇という数値を用いて、小事の大切さを解いています。一つの重大事故というのは、二九の小さな事故、そして三〇〇のちょっとした出来事（違和感やヒヤリとした瞬間）などによって引き起こされるというものです。

その他にも、「割れ窓理論」というものもあります。

割れた窓を放置していると、そこではもっと重大な犯罪が犯されることになるという理論で、軽微な犯罪を見逃してはならないという教えです。

実際にニューヨークでは、落書きを消したり、未成年者の喫煙、違法駐車などの軽微な犯罪の取り締まりを強化することによって、殺人、強盗、婦女暴行などの凶悪犯罪が減少し、治安が回復したという事例もあるのです。殺人に至っては、五年間で、七割近く減少したというから驚きです。

私も仕事柄いろいろな社長から「会社を変革したいんだけど」といった類の質問をよく受けます。その時私は「では、まずあいさつと掃除と元気ある朝礼を徹底してください。それができたら次の段階ですね」とアドバイスします。これは、そんなことすら徹底できない会社が、新しい戦略や方針を徹底できるとは思えないからです。

実際、この三つを徹底しただけで業績が向上したという例はたくさんあります。

だからこそ、私も「机の上はきれいにしろ！」とか、「あいさつは、どうしたら相手が気持ちいいかを考えてしろ！」など、仕事とは無関係ではないかと思われるほどの小事について、うるさく言い続けたのです。

仕事というのは、そんな大層なことばかりではなく、もともとは小事の積み重ねです。なので、小事をおろそかにせず、小さな事、簡単なことを確実に繰り返すことが大切なのです。

上司のルール

36

たかがあいさつ、されどあいさつ

小事が大切という話をしましたが、私はなかでも、きちんとあいさつをすることに力を入れています。

前にも述べたように、あいさつという基本すら徹底できないような職場で、仕事で成果を上げるために必要な、理念や戦略・方針などを徹底しようというほうが、よほど無茶な話というわけです。

あいさつを徹底させるには、まず上司であるあなた自身がしっかりとしたあいさつをすることが大切です。上司自らが、大きな声でしっかりあいさつしていれば、それが少しずつ部下たちにも波及していくことでしょう。

ただ、それだけではあいさつを徹底できないこともあります。

そこで、実際に私が行った「あいさつ徹底プロジェクト」をご紹介しましょう。

まず、部下たちには黙って、入口を撮影するためのビデオカメラをセットし、出社してくる部下たち全員のあいさつを録画します。

次に、みんなで一緒に全員分のあいさつシーンをチェックして、どのあいさつが気持ちよいかなどを話し合います。そして、「明日もビデオを撮っておくので、しっかりあいさつしましょう」と言って、翌日も撮影をするのです。

すると、ほとんどの人がしっかりとあいさつをするようになります。しかし、やはり、なかには翌日もあいさつの悪い人はいるものです。その部下とは、個別でビデオをチェックして、「明日からは、きちんとあいさつしよう」と注意を促します。

そうすれば、ほぼ完璧にあいさつが良くなります。

しかし、それもしばらくすると元に戻ってしまうので、その後はあいさつ担当を決めて、順番に朝一番に出社してもらって、しっかりあいさつをするように呼びかけを行います。

あいさつの大切さなんて語っていると、「そんなこと今さら…」と思う人はたくさんいます。しかし、私に言わせれば「そんなことすら、できないのに…」という思いでいっぱいです。

あいさつひとつできない職場で、業績を上げようとか、目標の数値がどうだといっているほうが、よほどナンセンスな話だと、私には思えて仕方がないのです。

上司のルール
37

コミュニケーションを活性化させる技をもて

自分の部下たちを眺めてみると、「みんな黙々と仕事をしているが、なんとなく活気が感じられないなぁ」と思うことはありませんか。

みんなが真面目に仕事をしていることは、もちろん良いことですが、活気が感じられないというのは、ちょっと困りものです。

そのような職場には、コミュニケーションが不足しているのではないでしょうか。たとえば、あなたが新任の上司なので、なんとなく人間関係ができていないとか、新しい人が数名いるので、チームワークがうまくできていないなど、コミュニケーションが不足している要因はさまざまです。

そんな雰囲気のなかで、「なんとなく暗いなぁ」「もっと、活気づけばいいのになぁ」と思っているだけではいけません。**上司であるあなたが、積極的に部下とコミュニケーションを**

とったり、部下同士のコミュニケーションの下地をつくってあげるべきです。

ときには、終業後にビールや乾き物などを買い込んで、「いつもみんな頑張って仕事してくれているので、これは私からのおごりだよ」と言って、事務所内で一杯やるのもいいでしょう。

このやり方ならば、あまり飲み会などに参加しないタイプの人でも、一杯、二杯はつきあってくれるでしょうから、普段とはまったく違ったコミュニケーションをとることができるのではないでしょうか。

さらに、外に飲みに行くのも悪い手ではありません。

しかし、飲みに行ったら、基本的には「自分から仕事の話はしない」というルールを守るべきです。せっかく部下とのコミュニケーションを円滑にするために飲み屋へ行っているのに、上司が説教をしたり、くどくど仕事の話をしていては、部下はうんざりしてしまいます。

部下のほうから仕事の話をしてきた場合にも、「今後は、こんな展開を目指しているんだよね」「こんな部署になれるといいと思うんだけど、なにかいいアイデアはないかな」という感じで、今後のこと、将来的なビジョンなどの話をするのがいいでしょう。

間違っても、「ノルマは達成できそうか？」なんて話題はタブーです。

上司のルール
38

そりの合わない部下とは意識的に会話しろ

「どうも、あの部下とは馬が合わないな」

「あいつと一緒に仕事をすると、どうもぎくしゃくしてしまう…」

上司ならば、そんな部下をかかえることもよくあります。

上司だって人間です。人間として好きなタイプもいれば、嫌いなタイプだっているのは当然です。どんな相手とも、同じように親密な関係を築ける人のほうが、むしろめずらしいと言えるでしょう。

しかし、嫌いだから、相性が悪いからといって、その部下とコミュニケーションをとらなかったり、遠ざけたりするのは良くありません。どんなに馬の合わない人でも、仕事をするうえで大切な部下であることに変わりはないのです。

そこで私は、嫌いな部下、苦手なタイプほど、話しかけるように努めています。仕事の話はもちろん、仕事以外の話でも、どんどん話しかけるのです。

苦手なタイプなので、話がはずむとは限りません。それでも、上司として、「私はあなたのことを大事な部下だと思っています」「あなたのことをいつも気にかけているのです」というメッセージは送り続けるのです。

上司の多くは、「どんな部下でも平等に接しています」と言いますが、同じように接するという程度の意識では、まだまだ不十分です。他の部下と同じようにと思っていても、苦手なタイプにはついつい話しかける回数が少なくなるものです。

結果として、他の部下と同じように接するには、特に意識して話しかけるくらいでちょうどいいのです。

部下にしても、上司が自分のことを好いているのか、苦手だと思っているのかということくらい気づいています。

もちろん、仕事を与える場合には、部下の好き嫌いはまったく判断基準に入りません。あくまでも、この仕事に対して、どの部下に任せるのが、もっとも適任なのかという部分にフォーカスして、冷静に見極めることが大切です。好き嫌いや自分との相性の善し悪しで判断しないように、特に心がけが必要でしょう。

上司のルール

39

年配の部下には意識的に相談しろ

「課長、この件については私の経験上、もう少し予算をかけてもいいんじゃないかと思うんだけどね」

「私は長い間あの会社の部長とつき合いがあるから、取引を続けたほうがいいと思うんだけどなぁ…」

などなど、年配の部下から、いろいろと意見されるというケースがあると思います。

最近では、年功序列が崩れて、能力主義となっているので、年配の部下を持つ上司もかなり増えているのではないでしょうか。

しかし、年配の部下を邪険に扱ったら、その部下はモチベーションを下げ、しっかりと仕事をしてくれないかもしれません。

部下のモチベーションを上げ、より大きな能力を引き出すことは、上司に課せられた責任でもあります。したがって、「少し扱いづらいなぁー」と思う年配の部下の話にもとにかく耳を傾けましょう。その人の言うことをそのまま採用するのは無理としても、しっかりと話を聞くことによって、それだけ尊重されていると思ってもらえます。

さらに、私は年配の部下を「相談役」のようなポジションに据えるということを実践していました。

ある案件が持ち上がったら、まずその部下に「佐藤さん、この件なんですが、どう思いますか?」「鈴木さんの経験では、このような場合、どちらのパターンのほうが安全だと思いますか?」という具合に相談を持ちかけるのです。

その部下にしてみれば、年上であるとか、経験値などからくるプライドがあるはずです。その部分をくみ取って、コミュニケーションをとることが大切なのです。どんな部下だろうが、気持ちよく仕事をさせてあげて、少しでも成果を上げてくれることのほうが、上司としても願ったり叶ったりのはずです。

私はこのやり方で、二〇歳以上年上の部下とうまくつき合ってきた経験があります。息子ほど歳の離れた上司とつき合うのは、その人にとってもやりにくさはあったでしょうが、最終的にはとてもいい人間関係を築くことができました。

上司のルール
40
上司になったら三つのことを考えろ

初めて上司になった人ならば、「さあ、やるぞ！」と燃えていることでしょう。そのやる気を正しく活かすためにも、上司となったらぜひ次の三つのことを考えて欲しいと思います。

①自分がなぜそのポジションに立つことになったのか
②何を期待されているのか
③部下がどういう気持ちでいるのか

まず、自分がなぜそのポジションに立つことになったのかという点に関して、自分なりによく考えてみることです。会社から上司として、指名されたからには必ず何か理由があるはずです。

たとえば、実績を上げたから、リーダーとしての資質が評価されたから、後輩の指導が上手だったなど、理由はいろいろです。

自分の認められた部分や自分の長所とは関係なく、とにかく理想の上司像を追いかける人がいますが、まずは、自分が認められた部分を正確に認識すべきでしょう。それは、自分が求められている部分にも繋がってくるはずです。

期待されている部分、求められていることとは何なのかを正確につかんだら、それに応えるために、何をすべきかを考えていきます。

最後に、部下がどういう気持ちでいるかも考えておきたい要素です。

まったく知らない部下たちのところへ、上司として赴任したのであれば、部下たちは間違いなく「今度の上司はどんな人だろう…」「前の上司と比べて、仕事はしやすいだろうか…」「つきあいやすいタイプかな…」などと思っているはずです。

要するに、新しい上司とはどんな人間だろうということです。

その気持ちをほぐしてあげて、安心して仕事に取り組めるようにするには、できるだけコミュニケーションをとっていくことです。

上司のルール
41

個人面談の抜群の効果

新しい上司として赴任したとき、最初に考えなければならないのは、部下とのコミュニケーションです。もちろん、仕事をしながらゆっくりと信頼関係を築いていくというタイプの人もいると思いますが、私は最初の段階で全員の部下と個人面談することをオススメします。

通常業務のなかでは、すべての部下と個人的に話をする機会というのは、そうそうとれるものではありません。

部下としても、みんなと一緒に仕事をするなかでは、なかなか言い出せないことも、一対一で話してみると意外とすんなりと話してくれることもあります。

赴任したばかりというのは、全員と個人面談をする絶好の機会だということをぜひ覚えておいてください。

一般的に、上司になる場合、まったく知らない部門（部下たち）の上司になるパターンと、もともと一緒に仕事をしていたメンバーの長に任命されるというパターンがあります。

前者の場合ならば、最初に個人面談をすることは不可欠だと思います。おそらくは、部下の名前と顔も一致しない状況でしょうし、上司であるあなた自身の情報もまったく伝わっていません。まったく知らない者同士が仕事をするのでは、何かと不自由もあるはずです。その点、個人面談をしておけば、多少の人間関係が築けた段階から、スタートすることができます。

一方、一緒に仕事をしていたメンバーの長になった場合でも、個人面談をしたほうがいいと私は考えます。

上司として接するからには、少なくとも仕事上の関係は今までとは違ってきます。その部分をしっかり確認しておかないと、「あの人は、課長になって変わってしまった」なんて誤解を生み、信頼を失うなんてことにもなりかねないのです。

忙しいなかで、全員と個人面談をするのは、時間的にも、体力的にもかなりの負担だとは思いますが、組織づくりの第一歩なので、ぜひ試してみてください。

上司のルール

42

前の上司に対する部下の心の声を聴け

個人面談で、私は次のようなことを聞いています。

「前の上司自身の良かったところ、悪かったところを聞かせてくれる?」

「前の上司の仕事のやり方で、良かったところ、悪かったところを聞かせてくれる?」

この質問をすると、いろいろな答えが返ってきます。

「前の上司は、私たちの話をよく聞いてくれた」

「前の上司は気分屋で、機嫌がいいときと悪いときの差が大きくてつきあいにくかった」

「前の上司は、仕事を任せたと言いながら、けっこう口出ししてきて、やりにくかった」

「前の上司は、自分の都合で緊急ミーティングを招集するので、予定が狂って困った」

部下というのはさまざま思いを抱えながら、仕事をしているものです。

さて、この話を聞いて、「そうか、それは大変だったね。私は気をつけよう」とこたえるわ

部下の話を聞くというのは、同意するという意味ではありません。あくまでも確認をしているということを覚えておいてください。

話を聞いたら、部下たちに「では、よくなかった部分、仕事上でやりにくかった部分をどのように変えたら、よくなると思う？」と尋ねるのです。

「ここがダメ」「これはやりにくい」と言うだけでは、建設的な話し合いとは言えません。個人面談は、部下たちにガス抜きをさせることが狙いではないのです。

たとえば、上司が緊急のミーティングを招集して困るという件であれば、「せめて、当日の朝礼のときにミーティングを行なう旨を伝えて、参加できない人の理由を聞いてもらえると助かります」といった答えが返ってきます。

もちろん、上司として部下の提案を受け入れられるのかどうかは、会社、仕事内容、状況など、いろいろな事情によって異なります。でも、それが可能だと判断できるのであれば、「では、私はそうすることにしよう」と答えればいいのです。

部下の申し出を受け入れるにしても、受け入れないにしても、まずはじっくり話を聞けば、「この上司は、自分たちの話を聞いてくれる」という印象を持つはずです。これは、信頼関係を築くためにとても重要な第一歩となります。

上司のルール

43

上司と部下のコミュニケーション・ギャップは埋まらない

上司と部下は、お互いどんなことを求めているのでしょうか。

私が会社を立ち上げたばかりの頃、一緒に独立した仲間たちにとって働きやすい環境を整えるため、会社にこもって朝から晩までさまざまな仕組みづくりをしていました。しかし、そんな私のやり方に、仲間たちは不満を感じていた時期がありました。

話を聞いてみると、「環境を整えるよりも、自分たちと一緒に営業に回って、汗をかいて欲しい」ということだったのです。

正直、「私がマネジメントを行なわず、みんなと同じ仕事をしていては、会社は成り立たないじゃないか」という思いはありました。しかし、それが仲間たちの希望であり、言うことに一理あったので、昼間は営業に出て、朝と夜の時間に別の仕事をするようにしたのです。

このようなことはどんな会社でも起こってくる問題です。

ある雑誌のアンケート調査でも、上司の約七〇%の人が部下との人間関係は良好だと思っているが、部下の約六〇%の人がそうは思っていないという結果が公表されていました。

ここまで読んで、「私は部下と親密にコミュニケーションをとっているから大丈夫だ」とは思わないでください。ほとんどの上司がそう思っていながら、現実は違うのです。

実際、部下と上司のコミュニケーション・ギャップは避けられないのが現実です。したがって、私はコミュニケーション・ギャップがあること自体を問題だとは思っていません。

ただし、コミュニケーション・ギャップを埋める努力をする必要はあるでしょう。

そこで、まずは上司自身が会社からどんなことを求められ、期待されているかを部下に説明して、共通理解をすることが大事です。

次に、上司が部下に何を求めているのか、何を期待しているのかをきちんと説明するのです。会社から上司が求められていることがあって、それを果たすために、上司はこんなことを部下に期待している、というきちんとした流れに沿うことが重要なのです。

最後に、部下が上司にどんなことを望んでいるか、期待しているかを聞き、さらには、上司として部下に何を望み、期待しているのかも話し、相互理解することも忘れないようにしてください。

上司のルール

44

仕事を楽しませてあげていますか？

「楽しんで仕事をしていますか？」

こう質問されたら、あなたはどう答えるでしょうか。

「楽しんでやっています」と答える人はまったく問題ありませんが、「基本的には楽しんでいますが、問題もたくさんあります」とか、「とても、楽しめるような状況ではありません」「仕事なんで、楽しいということはありません」などと答える人も少なくないでしょう。

では、なぜ楽しめないのでしょうか。

それには、いろいろな理由があると思います。「仕事の量が多すぎて、深夜までの残業が連日続いている」「仕事がむずかしすぎて、なかなかうまくいかない」「自分にはまったく不向きの部門で働かされている」「同僚との人間関係がぎくしゃくして、気持ちよく仕事ができない」「上司との関係がうまくいかない」などがあげられるでしょうか。

個人面談で、「仕事を楽しんでいるか」と聞くのは、大きな意味があります。当然、楽しんで仕事をしている人のほうが、モチベーションも高く、より良い成果を上げるものです。

上司は、部門全体の成果、業績に責任を持っているので、部下のモチベーションはとても重要な要素となります。

部下が仕事を楽しんでいないとしたら、どうしたら楽しめるのかを一緒に考え、上司として手助けできる部分は、フォローしてあげるべきです。

人間関係で悩んでいるのであれば、間に入ってあげることもできるかもしれませんし、人員や座席の配置を替えることで、ストレスを軽減してあげられることもあるでしょう。

仕事量や内容について苦慮しているのであれば、仕事の割り振りを変えたり、何人かをチームにして、助け合える体制を整えてあげることもできるはずです。

楽しく仕事をするということ、もっと言えば、その人が持てる力をすべて出し切れているのかを確認することも、上司の重要な仕事です。その人の仕事ぶりを見て、「できる、できない」を評価する前に、その人が力を出せているのかどうかを思いやってあげることのほうが、より必要です。

そのためにはまず、何よりも、上司であるあなた自身が楽しむことが一番です。

上司のルール
45

部下のがんばるエンジンは何か

「将来、こうありたいと目指しているものはありますか?」

「そのために、いつまでにこれをしよう、これを達成しようという考えはありますか?」

「今、仕事をがんばろうと思っているエンジン（動機）は何ですか?」

個人面談では、このような質問も投げかけてみるといいでしょう。

まず、「将来こうありたい、だから今はこれをがんばる」というしっかりとしたビジョンを持って仕事をしている人は、やはりモチベーションが高いものです。がんばろうと思っているエンジンというのも、突き詰めれば同じことと言えるかもしれません。

仕事をしていれば、（仕事に限らず、人生すべてですが）いろいろな困難が降りかかってくることもあります。その困難の大きさを坂道の傾斜角度に置き換えると、困難がそれほど大きくなく、傾斜角度も緩やかならば、馬力のないエンジンでも登ることができるでしょう。

ところが、大きな困難が降りかかってきて、きつい傾斜角になったときには、馬力の強いエンジンでなければ、坂道を登ることはできません。

そのため、どれだけのモチベーション、どのくらいの馬力のエンジンを持っているかを確認することが必要なのです。

すばらしい能力を持っている部下だったとしても、モチベーションが低く、馬力の弱いエンジンしか持っていなければ、ちょっとしたトラブルでも、すぐに気持ちが萎えてしまうかもしれません。

反対に、物事を効率的に行なうことは苦手でも、持ち前のエンジンで困難に立ち向かっていけるタイプならば、大きな問題をクリアすることができるでしょう。

そのあたりも見極めたうえで、仕事を割り振ることが大切です。

また、部下がビジョン、目標を持って働いているということを知れば、上司の立場から、その手助けをすることもできます。その部下の目標に対して、有益な経験を積ませるチャンスを与えたり、勉強会やセミナーへの参加をさせてあげれば、スキルアップの一助となるでしょう。

とにかく、部下一人ひとりのがんばれるエンジンを把握しておくことが重要です。

上司のルール

46

面談の内容はフィードバックする

会社や部門、仕事の状況によって異なりますが、基本的に赴任直後の個人面談は一人一時間くらいを目安に行います。すると、場合によっては、最初の二、三日間は部下との個人面談でつぶれてしまうということもあるでしょう。

しかし、それだけの時間と労力をかける価値が個人面談にはあります。時間とともに人間関係は深まっていきますが、最初の段階でいろいろ確認し合うことで、信頼を築いたり、誤解を防ぐことができるからです。

そして、**部下全員との個人面談を終えたら、必ず内容を整理して、朝礼やミーティングの場を通して、全員にフィードバックしましょう。**

部下の話を聞いていれば、多くの部下から聞かれた同じ意見、まったく反対のことを希望している話や個人的な域を出ない意見など、さまざまな内容の意見が出揃うものです。

話や意見を整理するうえでの基本は、まず多数意見を尊重するということです。多くの人が感じているからには、それなりの妥当性があると判断できます。

それでいて、少数意見を無視してもいけません。少数意見には鋭い意見が隠れていることもよくあります。

もちろん、上司としては、たくさん出た意見を必ず採用しなければならないというわけではありません。もし、自分は違うやり方をしたいと思うのであれば、「私はこういうやり方をしたいと思います。その理由は、○○だからです」と理由を含めて、きちんと説明することが必要です。誠意を持って説明をすれば、完璧に納得してもらえるかどうか別としても、上司の意見や立場を理解してくれることでしょう。

また、これまでのやり方を変えて、自分流を持ち込む場合には、「最初は違和感があるかもしれないが、ぜひ協力してほしい」「部門を良い方向へ導くため」「みんなで目標を達成するため」ということを理解してもらうことも大切です。

私が知る限り、赴任早々に部下全員と個人面談を実施して、じっくり話を聞くという上司はそう多くはありません。それだけでも、「話を聞いてくれる上司」「自分たちの意見を吸い上げようとする上司」というオープンマインドの印象を与えることができるでしょう。

上司のルール

47

人の受け売りは役に立たない

「コミュニケーションの取り方なんて、個々のパーソナリティーや経験のなかで培われたものでしょう」と考えている人も多いかもしれませんが、コミュニケーションの知識や技術をきちんと勉強することも、ときには必要です。

たしかに、改めてコミュニケーションについて学ばなくても、部下を含め、周囲の人ととてもうまくコミュニケーションをとっている人はいます。しかし、すべての上司がそのようなすばらしいスキルを身につけているとは、とても考えられません。

また、コミュニケーションに問題を感じていない上司であっても、新しい手法を学ぶことで、よりよい関係を築けることもあるはずです。

たとえば、コーチングやカウンセリングの知識を身につければ、部下との関係の作り方、質問の仕方、表情や行動から読み取る情報などが変わってきます。

上司になれば、好きな人、嫌いな人、得意な人、苦手な人など、さまざまな部下と同じように接する必要に迫られます。そのためには、勉強をして、確固たる知識・スキルを身につけておくことも大切でしょう。

ただし、本、雑誌、DVD、セミナー、講演会などで学んだ知識をきちんと咀嚼することを忘れないでください。「講師の先生が言ってたから、コーチングという手法を試してみるか」という程度では、発揮されません。

部下にしてみれば、「ちょっと講演会へ行ったからって、すぐに受け売りするのはやめて欲しいよ」とシラけてしまうはずです。

どんな知識や手法でも、一旦は自分のなかでしっかりと咀嚼して、自分なりに普段の現場に置き換え、自分の言葉で説明できるようにならなければなりません。うわべだけを学んで、適当に使うだけでは、どんなノウハウも役には立ちません。

私はいつも言っているのですが、**「自分の言葉で説明できないのは、深く理解していない証拠」**です。さまざまな知識、スキルを生かすためにも、まずはあなた自身が、きっちりと理解し、咀嚼することが大事なのです。それは会社から与えられる戦略・方針についても同様です。しっかりと自分で咀嚼して、自分の言葉で部下に説明できるようになってください。

上司のルール

48

説明責任を果たせ

「会社の方針が変わったから、うちの部署でも方針を変更することになった。それじゃ、みんなよろしくな！」

このような言い方で、上司が部下に方針の変更を告げるというケースも決してめずらしくないでしょう。

しかし、こんな言いっぱなしの伝え方で、部下たちが納得して、かつモチベーション高く仕事をしてくれると思うのは、ちょっと虫が良すぎます。

上司というのは、部下に対してしっかりと説明する責任があります。

会社の方針が変わったのなら、なぜ方針が変わったのか、どうして自分の部署でも方針を変えるのか、という部分をわかりやすく説明しなければならないのです。

「現状はどうなのか」「現状に対して、今のやり方ではどのようなマイナスが予想されるのか」

「方針を変え、やり方を変えることで、どのような効果が得られるのか」なども部下に伝える必要があるでしょう。

また、方針が変わるというような未来のことだけでなく、当然、過去に起こった出来事についても、わかりやすく説明をしなければなりません。

つまり、何かが起こったとき、あるいは何かのプロジェクトが終わったときに、「こういう結果だった」と言うだけでは、まったく不十分なのです。

それが良い結果ならば「勝因は何なのか」、悪い結果なら「その敗因は何だったのか」、「背景にはどのような事情があったのか」、「今後はどうしていこうと考えているのか」など、きちんとした説明、報告がされるべきです。

報告というと、部下が上司にするものという印象を持っている人もいるかもしれませんが、結果に対して上司が部下に説明するのも重要な責務なのです。

説明責任を果たすためにも、常に「ホワイ（why）・ビコーズ（because）」で考える習慣をつけることをオススメします。どんな物事に対してでも「なぜ、そうなったのか」「その理由はこうだ」という部分にフォーカスして考えるのです。その意識が身についていれば、上司に対してでも、部下に対してでも、しっかりと説明できるようになるはずです。

上司のルール

49

聴き上手になれ

コミュニケーションをうまくとるためのスキルには、聴くこと、話すこと、自己開示、言葉以外のもの（しぐさ、態度など）という四つの要素があります。

このすべてがバランスよくレベルアップすることが理想ですが、**上司にとっては「聴くこと」がもっとも大切な要素と言えるでしょう。**

偉大なリーダーは例外なく聴き上手です。経営の神様と言われた松下電器の創業者、松下幸之助氏は、その聴き上手ぶりが多くの人から賞賛されていました。

松下氏は、どんなに忙しくても、またどんな立場の人が相手でも、一生懸命に話を聴いたといいます。自分の知っている話ですら、「ほぉ、それはすごい」と初めて聴いたように相づちを打っていたとも聞いています。

聴き上手な人というのは、得てして質問上手でもあります。話題の途中で、「あなたはどう思う？」「それで、どうなったの？」「そのポイントはどこにあるんですか？」など、相手から話を引き出すことがうまいのです。

上司に必要なのは、「聞く」というより、「聴く」です。**単に「聞いて」いるのではなく、気持ちを込めて、注意深く「聴く」のです。そうすることによって、自分の知らなかった情報や知識が得られるばかりでなく、相手をよく理解できるようにもなります。**

上司になると、部下に対して話をする機会が増えるという印象を持つ人もいるでしょう。もっと偉くなって、経営者ともなると、部下の話を聴くことはほとんどなく、自分から話してばかりいるという人も多いものです。

すると部下たちは「なんだ、また自分の話か」と思うでしょうし、自分から上司に話しかけようとしなくなってしまいます。

部下が気軽に上司に話しかける雰囲気というのは、とても大切なことです。その環境をつくろうと積極的に部下に話しかけるのは大いに結構ですが、そこではできるだけ部下の話を聴くように心がけてください。

上司ばかりがくどくどと話をしている状況で、「部下とのコミュニケーションはバッチリ」と思っている人がいたら、それはとんでもない間違いです。

上司のルール

50

声をかけあえる雰囲気をつくれ

「その件については、今日中にメールをしておいてね」

「今は忙しいから、メールで送っておいてくれれば、後で読むから…」

「一週間ほど前にメールで送っておいたのですが…」

最近では、情報伝達の中心はメールになってきているので、一日のうちで一言も会話を交わさないのに、何度もメールのやり取りをするなんてこともめずらしくないでしょう。

たしかに、メールは便利です。相手の時間を気にせずに送信することができますし、受け取ったほうも自分の都合がいいときに読んだり、返信したりできます。

さらに、記録として残るので、「言った、言わない」というトラブルを回避することもできるでしょう。

しかし、メールに頼りすぎると問題も起こってきます。部下への伝達事項をすべてメールで行っていたある上司が、問題に直面したという実例があります。

メールで指示したはずの内容を部下が解釈を間違い、その結果、取引先を怒らせてしまったのです。

メールには、微妙なニュアンスが伝わらないというリスクがあります。それでも、普段は会話でのコミュニケーションがしっかりとなされていれば、文面から微妙なニュアンスを感じ取ることができたり、すぐに口頭で確認することもできるでしょう。

時代が変わり、コミュニケーションに関するテクノロジーが発展しても、基本は対面して、話をするということに変わりはありません。良好な関係を築くには、やはり気軽に声をかけ合える雰囲気をつくることが肝心なのです。

必要な情報のやり取りだけなら、メールで事足りることもあるでしょうが、人と人とのコミュニケーションはそんなデジタルなものではありません。

普段から、あいさつをしっかりしたり、気軽に話ができる職場ならば、疑問点もすぐに聞くようになるでしょうし、先輩が後輩に何かを教えてあげる機会も増えるでしょう。どんなに忙しい職場でも、やはり気軽に話ができることは大切な要素のひとつなのです。

上司のルール

51

部下の話を遮るな

「課長、□□商事との取引の件なんですが、先方からコストの面で…」

「だから、先に金額の話をまとめておけって、いつも言ってるだろう!」

こんなふうに、部下の話を途中で遮る上司も多いのではないでしょうか。

上司、リーダーと呼ばれる人たちは、特に気に入らない部下の話を遮りがちです。

「だからさぁ…」「いや、そうじゃなくて…」などは、人の話を遮る上司のお決まりフレーズです。

そんな上司たちにも言い分はあって、「最後まで聞かなくてもわかる」「どうせ、いつもと同じような話に決まっている」「経験的に、どんな問題が発生しているのか想像がつく」などの理由を並べます。

そんな上司たちが言うように、ときには、部下の話を最後まで聞かなくても状況が把握できることもあるでしょう。それだけ経験もあり、能力もある人が上司になっているので、状況の把握どころか、対応策まで瞬時に考えついているかもしれません。

それでも、部下の話は最後まで聞くべきだと私は考えます。

どんな状況だったのかという事実関係はすぐにわかったとしても、そのとき部下がどう思ったのか、どんな考えがあって判断を下したのかなどは、最後まで話を聞かなければわかりません。

問題を理解し、解決策を与えることも上司の仕事かもしれません。しかし、部下の考え、判断の動機などを掌握して、今後に生きる指導をすることも、上司としての重要な仕事です。

また、話を遮ってしまうと、次の機会に部下は話がしにくくなります。そうやって、関係が疎遠になり、組織が弱まってしまう危険性もあるのです。

話の内容は聞くまでもないことだったとしても、「最後まで聞いてくれる」と部下に思ってもらうことも大切なのです。そんな小さな積み重ねが、信頼関係を築いていきます。

上司への報告、話の仕方に問題があると感じるなら、最後まで話を聞いた後に、話の要点はどこか、重要な部分とそうでない部分の振り分け方などの話をしてあげましょう。そうすれば、少しずつ報告の仕方を学んでいくはずです。

上司のルール

52

言葉のドッジボールをするな

会話はキャッチボールだとよくいわれます。つまり、会話とは、言葉というボールを受け取って、そのボールを投げ返すことによって成り立っているのです。

あたりまえのことのように思いますが、実際には、受け取ったボールをしっかりと投げ返している人は意外に少ないのです。

たとえて言えば、白いボールを受け取っているのに、突然黒いボールを返球してしまっているのです。言葉のドッジボールと言えるのでしょうか。

「課長、今日の仕事はむずかしくて、けっこうたいへんでしたよ」と部下が言うと、「そんなこと言ってるからダメなんだよ。おまえの力が足りないから、むずかしいと感じるんじゃないか」などと、上司が返してしまうのです。

部下が、「仕事がむずかしかった」「たいへんだった」と言っているのですから、まずは受け止めて、「そうか、それはお疲れさんだったな」「どのあたりがむずかしかったんだ？」と返してあげるのが、正しい会話のキャッチボールというものです。

とかく上司は、部下の話を聞いているようで、自分の話、自分の意見、見解を述べていることが多いものです。**要するに、言葉で相手を裁いてしまっているのです。**

しかし、それでは正しいコミュニケーションは成り立ちません。部下が上司の意見や見解を求めていることが明らかならば、その返答でも構いませんが、部下の話というのはその種のものばかりではありません。

ですから、**部下に話しかけられたら、意識的にどんなボールなのか、何色の、どんな形の、大きさはどれくらいのボールなのかをしっかりと見極めるようにしてください。**

そして、受け取ったボールと同じボールをきちんと返してあげることが大切です。

ビジネスシーンに限らず、多くの人たちの会話を聞いていると、色も、形も、大きさも違う、じつにさまざまなボールが飛び交っています。

一度、意識して同僚、友人、他人の会話に耳を傾けてみてください。あまりに、突飛なやり取りが普通に交わされていて、ちょっと驚くと共に、不思議に思うことでしょう。そして、人のふり見てわがふり直せです。

上司のルール
53
自分の考えを形にしろ

「森山主任は、何を考えてるのかまったくわからない！」

「岩崎課長は、言うことがコロコロ変わる！」

部下時代にこんな文句を言ったことがある人は案外多いのではないでしょうか。

「何を考えているのかわからない」というのは、上司が自分の考えを具体的に、わかるまで部下に説明していないために誤解が生じているのかもしれません。

「言うことがコロコロ変わる」というのはたしかに問題アリですが、当事者である岩崎課長にしてみたら、「状況が変わったので、戦略を変更せざるを得なかった」という事情があったのかもしれません。

どちらにしても、部下に対して、自分の考え、やり方をしっかり示さなかったという点で、上司の落ち度は否めません。

さて、**部下に誤解を抱かせないようにするため、あるいは部下により納得して仕事をしてもらうためにも、上司はマネジメントポリシーを明確にしておくべきです。**

マネジメントポリシーを明確にしておくと、上司が部下に指示を出したとき、叱責したときなど、「こんなポリシーを持っているから、この部分を優先したんだな」とか、「ポリシーに反したから、こんなにも厳しく怒られたのか」と納得してくれることも多いでしょう。

ちなみに、私は以前「部下への最大の貢献は目標を達成させてあげること」というマネジメントポリシーを掲げて、以下の八項目を挙げたので、ここに紹介しておきます。

①自由と規律のバランスを保つ
②自ら動こうとする環境に配慮する
③実力主義
④コミュニケーションを大切にする
⑤お互いに説明責任と結果責任を果たす
⑥どんどん権限委譲して、自分にしかできない仕事にフォーカスする
⑦徹底して行動の質と量を追求する
⑧目的、目標を明確にして仕事をする

上司のルール

54

人は目標では動機づけされない

「目的と目標の違いを説明できますか?」

この問いかけにあなたは、どのように答えるでしょうか。日々、仕事をしていれば、目的や目標という言葉が日常的に飛び交います。特に、営業の目標金額とか、目標契約件数など、会社や部署には必ずと言っていいほど目標が至るところにあります。

では、ここで目的と目標の違いをはっきりさせておきましょう。

わかりやすい例として、「三日以内に、ボートである島に到着しなければならない」という状況があったとしましょう。

力いっぱいオールを漕いで、もう少しで島へ到着するというところで、嵐にあってスタート地点まで戻されてしまったら、もう一度がんばろうという気持ちになるでしょうか。そんな災難に遭遇したら、すぐにあきらめてしまう人も多いことでしょう。

しかし、悪党に家族が連れ去られて、三日以内に島へ助けに行かなければならないという状況なら、嵐によって連れ戻されたとしても、再度オールを漕ぎ出すのではないでしょうか。

この場合、家族を助けるというのが目的であって、三日以内に島へ到着するというのが、目標となります。**簡単に説明するのであれば、目標とは「いつまでに、何を、どうやって」、目的とは「何のために、何故」ということなのです。**

さて、あなたの部署のことを考えてみてください。きっと、「売上目標三〇〇万円」「今月の目標契約件数・一人五件」など、はっきりとした目標が設定されていることでしょう。

では、ここで質問ですが、みなさんの部下たちはきちんと目的を持っていますか?

何のために、その目標に向かってがんばるのかという動機の部分がはっきりと見えているでしょうか。目的という動機の部分がはっきりしていなければ、ちょっとしたトラブルが起こっただけでも、すぐに気持ちが萎えてしまいます。**人は目標では動機づけされないのです。**

そんなとき、「目標は月に一人五件の契約だぞ。あと二件じゃないか、がんばれよ」と上司が声をかけても、意味はありません。

それよりもまず、**なぜその目標をクリアする必要があるのかという理由を見つけ出し、仕事をするうえでの目的という真の動機づけをしてあげることが大切なのです。**

上司のルール

55

上司は部下の目標達成の支援者

やる気のない部下に「目標を達成できるよう、がんばれ」と言うのはナンセンスです。さらに目標をもっていない部下に、「明日までに考えてこい」というのは最悪です。

何のために、なぜ目標を達成しなければならないのか、その部分をしっかりと部下に意識させなければ、やる気などわき起こってくるはずがありません。

そんな部下に対して、私は次のような質問をしたことがあります。

「どんなものでもいいから、今一番欲しいものを教えてくれよ」

すると、その部下は「今は車が欲しいです。ベンツなんかに乗れたらサイコーなんですけどね…」と答えました。

そこで私は、次の休日にその部下を誘って、車のディーラーへ向かいました。目の前でベンツを見せ、試乗までさせたのです。もちろん、部下はよろこんで運転していました。「やっぱり、ベンツはいいです。乗り心地が違いますよね」などとご満悦でした。

その帰り、私は部下に対して、「ベンツを手に入れるためには、これから何をしなければならないか一緒に考えてみようよ」と持ちかけてみました。

二人で話し合った結果、「ベンツを手に入れる」→「お金を稼ぐ」→「給料アップ」→「もっと偉くなる」→「とりあえずは、目の前の主任になる」→「今の仕事の業績を認められる」→「今月の売上目標をクリアする」と、つながったのです。

その後、その部下はモチベーションを持って、仕事に取り組むようになりました。

目的とは、心に火をつける導火線のようなものです。その存在に気づかず、やる気のない日々を過ごしている部下はたくさんいます。

そこで上司としては、部下に働きかけて、手に入れたいモノ、将来の希望、目指していることなどを聞いて、動機付けをしてあげることが必要です。

部下の話を聞いてあげることによって、上司と部下で目的、目標を共有することができます。**自分の上司が、本当に手に入れたいものを理解してくれて、仕事上でサポートしてくれるとなれば、部下は上司を信頼しますし、その上司に貢献したいと思うようになるでしょう。**

上司のルール

56

あなたは心から仕事を楽しんでいますか？

部下に仕事の楽しさを教えてあげることは、上司にとって重要な仕事のひとつです。

では、部下に仕事の楽しさを教えるための第一歩は何でしょうか。それは、もちろん上司であるあなた自身が、心から仕事を楽しむことです。

私は就職してすぐの頃、当時の上司から「歯を磨いているときも、お風呂に入っているときも、トイレに行っているときも、お酒を飲んでいるときも、頭から仕事のことが離れなくなったとき、良いポジションで仕事をしていられるよ」と言われたことがあります。

その話を聞いたときは、「そんないつも仕事漬けなんて、冗談じゃない」と思ったものですが、数年後には見事にその状態になっていました。

これは、仕事に追われ、自分の時間がまったくなくなったということではありません。仕事の楽しさを知り、自然といつでも仕事のことを考えるようになったということです。

仕事の楽しさを知り、いつも前向きに仕事をしている上司は、やはり魅力的なものです。反対に、仕事を嫌々やっているような上司に、誰がついていこうと思うでしょうか。

一生懸命仕事をすることにより、それだけ仕事の楽しみがわかるようになり、楽しみがわかるとさらに仕事がしたくなるという好循環の体現者に、上司自身がならなければなりません。心から楽しんで仕事をしている上司を見ていれば、部下にもその雰囲気は伝染していきます。

やがて、部下たちもがんばって業績を上げれば大きな達成感が得られ、仕事は楽しいんだということを体得していきます。

一人ひとりが楽しみながら、前向きに仕事をしている部署ならば、それだけ大きな成果を上げられるでしょうし、強固な組織にもなっていくでしょう。多少のトラブル、失敗にはくじけない風土も出来上がるでしょうし、会議やミーティングもとてもアイデアに富んだものになるはずです。

あなたの部署を見渡してみてください。どれだけの部下が本当に楽しんで仕事をしているでしょうか。もし、楽しんでいる人が少ないと感じたら、まず上司であるあなた自身が仕事を楽しみ、その姿を部下たちに見せているかを再検証してみてください。

上司のルール
57

笑顔と視線で心のドアの開放宣言

自分が部下の立場で考えてみてください。いつもむずかしい顔をしている上司といつも笑顔の上司なら、どちらの上司と一緒に仕事がしたいですか?

答えは、もちろん笑顔の上司ですよね。

そんなあたりまえのことながら、いざ上司となると笑顔でいることを忘れてしまう人はけっこう多いものです。むずかしい顔をしていると仕事をしているような雰囲気になるとか、上司としての威厳が増すなんて思っている人がいたら、今すぐ考えを改めるべきです。

仕事をしていれば、笑顔でいられない状況ももちろんあります。しかし、私は極力笑顔でいるように心がけています。笑顔でいられないというのは、自分に余裕がない証拠ですから、結局は自分のキャパシティのなさを露呈しているようなものです。

余裕のある上司であればあるほど、笑顔を絶やしません。

また、部下と接するときには、視線にも注意すべきです。

人とのコミュニケーションは、相手の目を見ることが基本です。そもそも人間には、興味のあるものには目を向けて、興味のないものには目を向けないという習性があります。

つまり、部下に話しかけられているのに、パソコンの画面を見たまま応対したり、書類に目を落としたまま返事をするということは、「あなたに興味なんて、ありませんよ」と宣言しているようなものです。

自分に対して、「興味がない」と言っているような上司のことを信頼する部下がいるでしょうか。**上司ならば、どんなに忙しくても、どんなに些細な用事でも、部下の目を見て、コミュニケーションをとることが大切です。**

話の内容にかかわらず、少なくとも「私はあなたに興味を持っています」「大切な部下として関心を寄せていますよ」という無言のメッセージ、それが人の目を見て話す、聴くということなのです。それだけでも、部下は「自分は受け入れられている」と感じるはずです。

私はよく「オープンマインドで部下と接するべき」と言っていますが、相手の目を見て、笑顔を見せるという行為で、上司の心のドアがいつも開いていることをきちんと表明すべきなのです。

上司のルール

58

成長はいつ訪れるかわからない

「今日はいい話を聞けた。勉強になったぞ！」

すばらしいセミナーに出席した後は、誰でもこんな気持ちになります。

セミナーを受けて、新たな知識や価値観などを学ぶのはすばらしいことですが、それで終わらせてしまってはまったく意味がありません。

何よりも大切なのは、学んだことを現場で活かし、継続していくことです。

これは、部下への教育についても同じです。セミナーに参加したり、本を読んだりして、新たな知識を得た上司は、「こんなことを勉強した」「こんなすばらしい考え方があった」と部下に紹介することも多いでしょう。

しかし、一度くらい話をしたからと言って、その考えや知識が部下に伝わり、仕事に役立つかといったら、そんなことはないでしょう。

簡単な例として、「ポジティブに考えることが大事」という考え方を学んだ場合、部下に対して「これからは、ポジティブに考えながら仕事をしましょう」と言うだけなら、部下への影響力はまったくないでしょう。

その考えを日常の仕事のなかでどう活かしていくのか、どんな瞬間にその意識を持つのかなど、仕事をしながら継続的に教えていくことが大切です。

多大なノルマを課せられて、「こんなの無理に決まっている」と思い、うつむいている部下に向かって、「そういうときこそ、ポジティブに考えるんだよ。会社は、君に大きな期待をしているからこそ、ちょっと厳しめなノルマを与えて、成長の機会にして欲しいと思っているんだよ」と言ってあげるのもいいでしょう。

どんな知識、価値観であれ、まず上司自身がしっかりと咀嚼し、どのように現場で生かしていけばいいのか、部下に対してどのような教育をすればいいのかなどをクリアにしておくことが必要となります。そして、徹底して言い続けるのです。

「成長はいつ訪れるかわからない」という言葉で表現されるように、教育というのは、即効性の低いものですが、継続すれば必ず変化が訪れるものです。その日を信じて、ぜひ根気強くがんばってください。

上司のルール

59

どうすれば、うまくいったと思うのか？

「ここは違うと言っただろう！　何度言ったらわかるんだ！」

「君は、同じようなミスをもう三度もしているじゃないか」

「オレの話をちゃんと聞いているのか！」

何度もミスを繰り返す部下を前にすると、ついついこんなことを言いたくなる気持ちもわかります。

しかし、上司たるもの感情で部下を叱っているようではいけません。あくまでも、部下の成長を促し、次は失敗しないようにするために言っているという点を忘れないでください。

感情的に部下を叱らない上司でも、ミスした部下に対して、「どうして、うまくいかなかったんだ」と質問する人は多いでしょう。

一見、まともな応対のように感じますが、この言い方も感心できません。

「どうして、うまくいかなかったのか?」という聞き方をすると、部下はどうしても言い訳を並べるようになります。「こんな事情があったので…」「このあたりでの見通しが甘かったので…」など、だらだらと釈明するシーンをよく見かけます。

反省することは大切ですが、言い訳を並べても、次にはつながりません。まして、ミスを繰り返すタイプなら、その失敗が活かされていないことは明らかです。

そこで、**上司は「どうすれば、うまくいったと思うのか?」という聞き方をして欲しいものです。**

この質問ならば、どの段階で、どんな策を講じる必要があったのかを部下が自分で考えなければなりません。謝罪することが中心ではなく、改善することが話の中心となってくるのです。

もし、この質問に答えられないなら、「では、一度自分なりの考えをまとめて、もう一度来て欲しい」と言って、追い返してもいいと思います。

上司の立場としては、ミスに対して謝罪して欲しいのではなく、今後に活かして欲しいのです。そのためには、部下自らが失敗から学び、同じミスを繰り返さない方法を自分で考えることが必要なのです。

上司のルール

60

「自分と違う意見＝間違い」ではない

人は誰でも、価値観が同じ人と仲良くなります。誰かと話をしているときでも、考え、意見が同じなら気持ちがいいし、コミュニケーションがとりやすいと感じます。

しかし、仕事をするうえでは、同じ価値観の人ばかりが集まっていても、成果を生み出すわけではありません。

むしろ、価値観の違う人の存在を大切にする必要があると私は考えます。

上司が部下を見る場合、「そもそも価値観は違うものだ」と認識する必要があります。「私は私であって、あなたではない。あなたはあなたであって、私ではない」という考えが、人間関係においての大原則です。

そのため、自分の意見と部下の意見が違っても、それは自然のことなのです。

もちろん、自分の意見をはっきり伝えることは大切です。しかし、相手の意見を否定しな

いということも必要です。「自分と違う意見＝間違い」ではないのです。

「そんなことはわかっているよ」と多くの人が感じると思いますが、上司と部下という関係のなかで、部下が自分とは違う意見を述べてきたら、「あなた、それは違うでしょ」と否定する人がたくさんいるのです。

私も価値観の違う部下と長い間つき合っていますが、自分と違うからと言って相手を否定せず、尊重するということが、経験上もっとも大切なことだと感じています。

価値観が違えば、意見も発想もまったく異なります。だからこそ存在価値があるのです。ときには議論になり、話がなかなか前へ進まないこともあるかもしれませんが、それだけ多角的に物事を捉え、議論が深まっているということなのです。

もし、価値観の同じ人ばかりが集まって、あなたの発言がすんなり採用されてしまうような会議ならば、グループとして集まっている意味があるでしょうか。

組織、チームを運営していくうえで大切なのは、同じ目標に向かって、同じ方向を向いてはいるけれど、価値観は違うというメンバーを大切にすることです。

目標、理念の共有さえできていれば、どんなにぶつかっても、必ず価値のある結果や決議を得ることができるでしょう。

上司のルール

61

異動してくる部下をとけ込ませるテクニック

自分の部署に新しい部下がやってくる。

しばらく上司として働いていれば、必ず起こる出来事です。

さあ、ここで考えなければならないのは、二つの人間関係です。

まずは、上司である自分と新しい部下とのコミュニケーション、そして、もう一つは、もともと部内にいる部下たちと新人とのコミュニケーションです。

上司と部下の人間関係を深めるという点においては、やはり最初は個人面談が有効だと思います。 話をすることで関係が構築されますし、部下本人の口からこれまでの仕事について話を聞くことができるからです。そこから、どんな経験があるのか、どんな点に優れているのかなどを把握することもできるでしょう。

続いては、部下同士の人間関係です。

部下同士の人間関係は、当然部下それぞれの裁量に任せる部分もありますが、やはり上司としては少しでも早く部内にとけ込ませる工夫をしてあげたいものです。

たとえば、もともといる部下の一人（場合によっては数名）を呼んで、「今度来た山崎は、君たちにも影響を及ぼす仕事をするから、いいコミュニケーションを取れるようにしておいて欲しい」と根回しをしておくのです。場合によっては、「近いうちに、飲みにでも誘ってやってくれよ」とけしかけることもあります。

また、部内で新人恒例の儀式を用意しておくというのも、ひとつの手です。

新人は必ず三日連続で朝礼担当をやらなければならないと決めておけば、新人も慣れないながらもみんなの前で話す機会がもてます。三日目を迎える頃には、だいぶ慣れてきて、「これで立派に部の一員だ」という雰囲気を自然に演出できるでしょう。アメリカの野球チームのニューヨーク・ヤンキースでも新人が入ると、ロッカーに置いてある着替え一式をコスプレ衣装にすり替えておいて、その日はコスプレで帰宅するという儀式があります。

ここまで手がこんでいなくても、何かしらの儀式があると、部門の全員が楽しみながら、新しいメンバーを迎え入れるという環境をつくることができます。ちょっとしたことですが、そんな工夫をするだけで、新人は早く部内にとけ込めるものです。

上司のルール

62

異動していく部下の送り出し方

新たに部下がやってくることもあれば、異動していくこともあります。

部下が異動していく場合、昇格・栄転というのであれば、特別問題はないでしょう。「よかったね。がんばって」と言ってあげればOKです。

場合によっては、会社は何を期待しているのか、何を評価しているのかなどの話をしてあげてもいいかもしれません。

気をつけなければならないのは、マイナス評価によって異動していくパターンです。トラブルによって辞めていく場合も同様ですが、いかに恨み辛みを残さないようにするかがポイントです。

マイナス評価を受けて、不服ながら異動していく部下の場合、たいていは自分以外のところに責任を転嫁しているものです。

「自分は嫌われているから、異動させられるんだ」「別の人の犠牲になった」「能力が正しく評価されなかった」「人間関係のこじれがあったが、相手は上司に好かれているから、異動させられずに済んだ」など、いろいろなことを考えているものです。

しかし、上司としては、マイナス評価であればあるほど、その部分をしっかり本人に自覚させるべきです。

「人に好かれる、嫌われるということで会社は異動させたりはしないよ。もちろん仕事の問題だからだ。自分では仕事のどこに問題があったと思うかな?」

「能力が正しく評価されていないと思うのであれば、どう評価されることが正しかったと考えるのかな?」「どうして自分が思うような評価が得られなかったと思う?」

など、**自分の責任、自分の問題としっかり向き合えるように話をしたほうがいいでしょう。**

自分がその部下の評価を下していたのならば、その理由をしっかりと説明してあげることも大切です。当然、上司には説明責任があるわけです。

不服が大きければ大きいほど、自分以外のせいにしたくなるのはわかりますが、他人のせいにしたところで、事態は好転しません。真実を受け入れさせて、それをどう改善していくかを考えさせることは、結局はその部下の将来のためになるのです。

上司のルール

63

人間は感情の動物だ！

「頭で話すと頭に響く、心で話すと心に響く」という言葉を聞いたことがあるでしょうか。上司と部下のコミュニケーションもまさにこの言葉通りと言えます。

「上司なんだから、こんな心構えで部下と向き合わなければ…」

「コミュニケーションをとるときには、コーチングの手法を取り入れて…」

などと、部下と関わるうえで、理論や理屈をいくつも学んでいる上司も多いかもしれません。もちろん、それらの理論やノウハウは有効なので、たくさん学んで、現場でどんどん活かしていくのは一つの手です。

しかし、理論や理屈といったもののすぐ横には、「感情」があるということも決して忘れないでください。

本来、人間は感情の動物です。ですから、どんなにすばらしいスキル、優れたテクニックがあったとしても、そこに感情が流れていなければ、人は動きません。

人と人との関わり合いは、本来「魂と魂のぶつかり合い」です。上司が部下と関わり合うときにも、本気でぶつかることが大切です。本気でぶつかって、上司と部下の心が共振していることが重要なのです。

本気で関わり合うと言っても、上司だけが熱くなっているようでは大問題です。伏せたコップに水を注いでも、一向に水が溜まらないのと同じように、部下の心のコップが伏せられている状態では、どんな思いもどんな言葉も部下の心に届きません。

まずは、部下の心のコップを上に向かせてあげなければなりません。そのためにも、普段から部下とコミュニケーションをとって、信頼関係を築いておくことが肝要です。

部下との関係ができていて、心のコップを上に向かせてあげたうえで、初めて上司の言葉が部下の心に届くのです。

部下と話をしているとき、「部下の心のコップが上を向いているか」「自分の話が、論理や理屈ばかりで、心が入っていないのではないか」という点をチェックしてみてください。

本来、感情の動物である人間に、理屈ばかり話しているとしたら、伝わらないのは当然の結果なのです。

上司のルール
64

なぜ、人はやるべきことを先送りにするのか

「なぜ、君はやるべき仕事を先送りにしてしまうのか?」

こんな質問を部下に投げかけてみたら、どんな答えが返ってくるでしょうか。

「今はちょっと忙しくて…」

「今日まで仕事が立て込んでいたので…」

などと、忙しいがゆえに仕事を先送りにしなければならなかったという答えがもっとも多いのではないでしょうか。

ところが、これはまったく逆です。

本当に忙しい人というのは、やるべきことを先送りにしません。やるべきことを今すぐやらなければ、どんどん仕事が降りかかってきて、さらに忙しくなることを知っているからです。

究極の言い方をすれば、暇な人ほど仕事を先送りにするのです。忙しいという理由で仕事を先送りにしている人は、本当に忙しい状態というものを知らないか、忙しいということを勘違いしているかのどちらかです。

ちなみに、やるべきことをやらない部下には、二つのタイプがあります。

やり方がわかっているのにやらない人と、やり方がわからない人です。

そもそも人は、やるべきことに疑問・異論（反論）・不安があるとなかなか動けません。

やり方はわかっていても、疑問・異論（反論）・不安のどれかがあると動けないのですから、まずは話を聴いてそれらの要素を取り除いてあげるべきでしょう。

一方、やり方がわからない人には、「行動のレシピ」を提供してあげることが必要です。つまり、やり方をしっかり教えてあげるということです。

要するに、部下に仕事を与えるときは、疑問・異論（反論）・不安をもっていないか、やり方がわかっているかをチェックすることが不可欠です。

そして、「忙しいから…」と言って行動しない部下には、本当に忙しい人は先送りにしないという話をしてあげるといいのではないでしょうか。

上司のルール

65

ときには部下に強い負荷をかけろ

「このくらいの仕事なら、彼女に任せても大丈夫だろう」

「こんな仕事を彼に任せたら、彼はつぶれちゃうだろうか…」

どの部下に、どの程度の仕事を与えるのかという点は、大きな悩みどころです。

仕事を与える基本は、それぞれの部下にとって「がんばれば、なんとかクリアできそうなレベル」で与えることです。

しかし、**ときには強い負荷を与えることによって、部下が大きな達成感を感じ、飛躍的に成長してくれることがあります。**

これはちょうど、筋肉を鍛えるときと同じではないでしょうか。

私は週に二、三度トレーニングジムへ通っているのですが、低めの負荷でトレーニングをしていると引き締まった体にはなっても、筋肉の厚みは増さないという話を聞きました。筋肉の厚みを増すためには、バーベルなどを持ち上げる回数は少なくても、強い負荷をかける必要があるのです。

筋肉トレーニングでも、仕事でも、負荷をかけすぎると壊れてしまいます。そのさじ加減が本当にむずかしいのですが、部下を成長させたいと思ったら、ある程度強い負荷をかけることも必要です。その強い負荷により、人は、その負荷を軽減するために、悩み、苦しみ、考えることによって、能力という筋肉が鍛えられていくのです。

強い負荷のかかる仕事に直面したとき、大切なのはポジティブに捉えるということです。「よし、きっとできるだろう。なんとか乗り越えてみせる」という思いで取り組むのと、「いやぁ、ダメだ。無理に決まってる」と思っているのでは、発揮される力は確実に違ってきます。当然、結果も変わってきます。

部下に仕事を与える際、その部下の能力、資質、キャラクターなどを見極める必要があることは言うまでもありませんが、ぜひ強い負荷をかけてみてはいかがでしょうか。その仕事を成し遂げたとき、その部下は大きく成長しているに違いありません。

強い負荷をかけて、ポジティブにチャレンジする。部下にそう言う限りは、上司であるあなた自身が実践することも大事です。

上司のルール

66

間違ったら素直にあやまれ

間違いを犯したら素直にあやまる。失敗をしたら素直にあやまる。人に迷惑をかけたら素直にあやまる。

こんなことは小学生でも知っている、じつにあたりまえのことです。

しかし、大の大人が上司になると、このあたりまえのことがなかなかできなくなるものです。年齢、キャリア、立場などによって構築された意地やプライドが邪魔をして、素直にあやまることができないのです。

では、明らかに間違っている上司があやまろうとしない姿を見たら、部下たちはどんな気持ちになるでしょうか。

「上司は、間違っても、あやまらなくていいってことか！」

「ちっぽけなプライドばっかり高いヤツだよ！」

と思われるのがオチです。意地を張ったところで、いいことなんて何ひとつないのです。

反対に、上司が素直にあやまったからといって、「情けないヤツだ」「冴えない上司だ」と思う部下がいるでしょうか。誰もそんなふうに思いません。**上司としてのプライドを持つのであれば、あやまるべきところは潔くあやまるということにこだわってください。**

これは実際にあった話です。

私は遅刻や欠勤にうるさいタイプで、私自身一度も遅刻をしたことがありませんでした。ところが、ある日一度だけ遅刻をしてしまったのです。普段「遅刻はするな!」と言っている張本人が遅刻ですから、体面もプライドもあったものではありません。

私は、事務所に飛び込むなり「すみませんでした」と大きな声であやまって、土下座したということがありました。その日の夜はたまたま飲み会があったので、私は部下の一人ひとりに酒を注いで回りながら、冗談めかしくあやまり倒しました。

人それぞれキャラクターに合った謝罪の仕方はあるでしょうが、間違い、失敗をしてしまったら、カッコつけることなく素直にあやまることは大切です。

間違い、失敗を犯さないことがベストですが、上司だって人間です。それは部下だってわかっていますから、そのときにどう対応するかで、部下の見る目が違ってくるのです。

上司のルール

67

不平不満は部門が健全である証拠

不平不満を言ってくる部下に対して、あなたはどんな印象を持っていますか?

「不平や不満を言ってくるなんて、困ったヤツだ」

「不平不満を言うのは、自分勝手な証拠だ!」

などと、思っている上司も多いのではないでしょうか。自分勝手とまで思っていなかったとしても、部下の不平不満をネガティブに捉えている人は相当いるはずです。

私の考えはまったく逆で、部下の不平不満は非常にポジティブなものだと捉えています。

会社や部門にとって、みんなが不平不満をはっきり言い合うということは、問題点の顕在化に繋がります。

反対に、陰でこそこそと文句を言ったり、酒のつまみにしているようでは、問題は顕在化せず、問題を問題として取り上げないまま会社や部門を運営することになりかねません。

不平不満を人の体でたとえると、病気のようなものです。風邪をひいたとか、ケガをしたというように、はっきり症状が出てくれば治療もできますが、原因がはっきりせず、症状も顕在化していなければ、そのまま放置してしまうでしょう。それが、一年後にガンだったと判明しても、手遅れになってしまうのです。

問題は顕在化させなければいけません。

「不平や不満は耳が腐るから聞きたくもない」と言った社長がいましたが、それでいいのでしょうか。部下が何かを言ったとき、「聞きたくもない！」とはねつけていたのでは、部下は自分が思っていることのうち、どれが不平や不満で、どれが建設的な意見なのかわからなくなってしまいます。

そのうえ、上司に叱られるのですから、「言わない方がマシだ」と考えるのも当然です。問題がどんどん潜在化してしまう最悪のローテーションです。

部下の不平不満には、自分勝手なものが含まれているのも事実ですが、まずはポジティブに捉える意識を持ちましょう。

そのうえで、部下の不平不満の対処法を学んでいくことが大切なのです。

上司のルール
68

不平不満は課題に変えろ

部下が不平や不満を言ってきて、問題が顕在化したならば、今度はその不平不満を課題に変えることからスタートです。ただの文句ではなく、改善すべきポイントにするということです。

そして、その課題に対して部下自身に当事者意識をもたせましょう。

特に、自分勝手な不平不満を言う人たちというのは、たいてい自分で行動していないものです。そこで、具体的には、まず、不平不満を解消するため、それを課題に転化します。

たとえば、「事務処理が多すぎる」という不満を訴えてきた場合、「事務処理を減らす」というふうに課題に転化します。

そして、次に当事者意識をしっかりともたせて、自らアクションを起こすように「事務処理を減らすために、あなたにできることは何なのか、それを○日までに考えてみて」と投げかけるのです。

この指導を続けていると、部下たちの不平不満の言い方は変わってきます。

事務処理を減らすというケースなら、「私にできることは、自分の仕事の内容を整理して、もっと効率化できないかをあさってまでに考えます」というように変化してくるのです。

不平不満はポジティブに受け止めますが、不平不満を言うだけで、何も考えず、何も行動しようとしないという姿勢は、愚かで生産性のないものです。部下たちには、ぜひその違いを伝えたいものです。

課題に転化して、期日を決めて、改善に努めるということが習慣化され、部門や企業の風土として根付いてくれれば、「不平不満を言っているだけの人」というのは、愚かに見えるはずです。

そうなれば、誰だって不平不満の言い方を考えるでしょうし、上司たちは不平不満を大歓迎するのではないでしょうか。

そのような環境を作り上げるためにも、まずは上司であるあなた自身が部下の不平不満をポジティブに捉え、課題に転化していくことから始めてみてはいかがですか。

上司のルール
69

がんばっているのに成果の上がらない部下の対処法

やる気がないわけではないのに、どうも成果が上がらないという部下があなたの部署にもいませんか?

本人にしてみれば、すでに一生懸命がんばっているのですから、上司の「もっとがんばれ!」というアドバイスは、この場合不適切です。

だからといって、「がんばっているのに、成果が上がらないのは、本人の能力が足りないからだよ」と切り捨ててしまうのは簡単かもしれませんが、それでは上司失格です。

上司ならば、どうすれば成果が上がるのかを指導してあげなければなりません。「上司が部下にできる最大の貢献は、部下の目標を達成させてあげること」というのは、本書でも述べている私の基本的な考え方です。

では、どうしたら部下は成果を上げられるようになるのでしょうか。

部下ががんばっているということは、その部下は自分なりには努力をしているはずです。

しかし、ただ努力すれば、成果が上がるというわけではありません。努力というのは、その方向、方法、量が正しいときにこそ、結果がともなってくるものです。

つまり、がんばっているのに成果が上げられない部下というのは、努力の方向・方法・量のうちのどれか（あるいは、すべて）が間違っているのです。

上司は、まずその部下の努力の方向、方法、量が正しいかをチェックしてあげましょう。

「君はこういう方向に多くの時間を割いているが、もっとこっちに重点を置いてみたほうがいいんじゃないか」

「このやり方をずっと続けているみたいだけど、別のパターンを一緒に検討してみようよ」

「がんばっていることは認めるけど、一日の行動量をもう少し増やしてみれば、結果も違ってくると思うよ」

という形で、アドバイスを与えてあげれば、部下も行動を改善しやすいはずです。

もともとやる気のある部下なのですから、努力の方向、方法、量が正しくなれば、きっと成果を上げるはずです。努力している部下の能力を否定する前に、その努力の内容（方向・方法・量）を精査してあげてください。

上司のルール

70

朝礼で利益アップ

朝礼がなんとなく行われる儀式になっていませんか?

自分の部署で朝礼をやっている上司ならば、一度、朝礼一回あたりの原価を計算してみることをオススメします。そして、その金額に見合うだけの生産性を上げているかを考えてみるのです。一方では、「売上向上」「コスト削減」を声高に叫んでおきながら、もう一方でいい加減な朝礼でムダな経費を使っているとしたら、それこそナンセンスな話です。

朝礼を充実させるには、次の三つの方法があると私は考えています。

① 朝礼のパターンにバリエーションを持たせて、多面的に実施していく

② 朝礼とは、生産性を高めて利益を生み出す工場と位置づけて、生産性ラインと同じように工程表を作成し、工程管理もきちんと行う

③朝礼の改善責任者を決める

①の朝礼のバリエーションはとても大切です。そもそも、朝礼がマンネリ化すると、だんだんと意味のない儀式になってしまうのです。

②の工程表というのは、朝礼といえども漫然と進めずに、進行を管理するということです。「体操」「経営理念の唱和」「オーダー発表」「報・連・相（情報共有）」「数字報告」「所長からの一言」「三分間スピーチ」など、進行手順をはっきりと貼りだして、時間を管理しながら進めるという方法です。その際、各項目にはどんな意味があって、何のためにやっているのかをきちんと説明することも忘れないでください。

最後に、③の改善責任者ですが、これは必ず選出しておいたほうがいいでしょう。担当となれば、当事者意識も芽生えるので、参加する姿勢は違ってきます。さらに、月ごとに担当者を変えて、「生産性の高い朝礼にするようにいろんなアイデアを出してくれよ」と伝えておけば、担当者はどうすれば価値のある朝礼を作り上げられるかを考えるようになるでしょう。

朝礼というのは、原則として全員参加です。つまり、全員分の人件費がかかっているということです。そのことを肝に銘じて、生産性の高い朝礼づくりをぜひ目指してください。

上司のルール
71

朝を制するものは一日を制す

「スタートダッシュできない人は、ラストスパートができない」と私は思っています。

基本的にレースというのは、先頭集団にいるからこそ、最後に優勝する可能性が出てくるのです。最初はタラタラ走って、「ラストスパートをすればいいや」と思っている人が勝てるはずがありません。

言うまでもなく、一日のスタートは朝です。

朝、どうスタートさせられるか、どのくらいのスタートダッシュができるかは、一日の質を大きく左右します。

そこで、上司は朝礼のとき、（朝礼を行っていない会社なら、朝一番に）部下の顔色や雰囲気をチェックしてみてください。

シャキッとした顔をしている部下もいれば、まだ半分寝ているような部下もいるでしょう。

ダルそうな雰囲気の部下、いかにも体調が悪そうだという部下もいるかもしれません。

一日、二日観察しているだけでは、なかなかわかりませんが、毎朝部下の顔を観察していれば、その人の気分や体調がわかるようになってきます。

体調が悪そうな人に「大丈夫か」とか、眠そうな部下に「シャキッとしろよ」と声をかけてあげるだけでも、朝の雰囲気がだいぶ活性化されるのではないでしょうか。

さらに、朝一番に考えることは、「今日一日何をするか」ということです。

スタートダッシュを決めるためには、今日一日何をするかが整理された状態で、頭に入っていなければなりません。周囲の人が仕事を始めてから、「えっと、今日は何をするんだっけなぁ…」と考えているようでは、取り残されてしまいます。

上司としては、部下の顔色、雰囲気を観察しながら、いざ仕事にかかるとき、どのようにスタートしているかもチェックするといいでしょう。

眠そうな顔をしていながら、じつは一日のスケジュールが頭に入っていて、すぐに仕事に取りかかるタイプもいれば、すっきりした顔をしていながら、なかなか仕事に取りかからないタイプの人もいます。部下のタイプを観察して、把握することができれば、その後の指示、アドバイスにも役立てることもできるでしょう。

上司のルール

72

月曜日の段取りは金曜日に決めさせろ

スタートダッシュといえば、週の始まりである月曜日を大切にするのも有効です。

残念ながら、月曜日にはやる気に満ちあふれ、ポジティブな姿勢で出社してくる人というのは少ないものです。サラリーマンなら誰もが経験していると思いますが、憂鬱な思いで、「また、一週間が始まるのかぁ…」と考えている人のほうが多いのが現実でしょう。

そうした状態で出社してきて、「今日の予定は…」「今週の予定は…」「今週の目標は…」と考えているだけで、月曜日の午前中はあっという間に終わってしまいます。

そうならないために、私は**「月曜日を大切にしよう」**と言い続けてきました。

具体的に何をするかと言えば、金曜日のうちに月曜日の朝一番に何をするかを決めておくのです。そうすれば、出社したときに、むずかしいこと、余計なことを何も考えることなく、その仕事に入っていけます。

この方法は、気分的にもずいぶんと楽になるので、本当にオススメです。

特に、営業をやっている人なら、金曜日のうちに月曜日の朝一番のアポイントを必ず入れておくべきでしょう。

私も営業マンをやっていましたから、月曜日に行く先がない辛さ、憂鬱さは痛いほどわかります。朝起きたときから、暗い気分が蔓延していて、なんとか会社へやってきても、「どこ行こうかなぁ…」「どこか電話するところ、あったっけなぁ…」とぼんやりしているのがオチです。

その点、月曜日の朝一番からアポが何件か入っていれば、暗い気持ちになったり、うだうだと考えている暇もなく、待ち合わせの場所へ向かわなければなりません。

結果として、それが助走となって、一週間をうまくスタートできるのです。

朝の雰囲気を大切にしようという項目でも述べましたが、スタートダッシュのできない人は、ラストスパートもできません。

一日のスタートが朝ならば、一週間のスタートは月曜日です。ブルーマンデーを少しでもうまく乗りきって、一週間の弾みをつけるためにも、週末のうちに月曜日の予定を立てておきましょう。

上司のルール

73

生産的な会議をやろう

朝礼と同じように、会議にも原価があります。

参加者が時間を割いて会議に参加しているのですから、その原価以上に生産性の上がる会議をしなければ、企業としては意味がありません。

さて、まず会議をするときには、「今日の会議は何のために行うのか」という目的を明確にすることが大切です。

生産性の上がる会議にするためには、会議が終了したときに、何かが決定されていて、それが現場で活かされ、成果が上がるという繋がりが必要です。そのため、会議を始める段階で、「何のために」あるいは「何を決めるために」という目的、ゴール地点をはっきりさせておくことは絶対条件でしょう。

そして、会議に必要な資料などはきちんと揃えるなど、事前準備も確実に行っておかなければなりません。

私は会議を開くときには事務局（あるいは担当者）を決めておいて、会議の準備をさせるようにしています。事務局では、必要な資料を作成し、各部署、各人から集まってくる資料を整理して、議事進行の流れに沿って並べ替え、事前に全員へ配布しておきます。

目的がはっきりして、準備が整ったら、会議がスタートです。

このとき、連絡が行き届いているにも関わらず、定刻になっても集まっていないメンバーがいても、構わずに始めてしまいましょう。多くの人がその時間から始まる会議にスケジュールを合わせたり、準備を整えたりしているのですから、遅れてくる人を待つことは、とても大きなデメリットです。

会議を進めていく際には、必ず時間管理をすることをオススメします。どのくらいの時間で、どの議題を話し合うのかなど、議事進行についてのタイムキーパーを立てるのです。

もちろん、そのためには、会議の行程（進行カリキュラム）をしっかりつくっておくことも不可欠でしょう。

生産性の高い会議にするためには、それだけの準備やシステムが必要です。しかし、それも多くの人件費をかけて行うことを考えれば、当然の話なのです。

上司のルール

74

意味のない会議はやめてしまえ

会議が始まったら、参加者全員が会議に集中し、本当の意味で参加しているかをチェックしましょう。

あたりまえのことですが、会議とは話し合う場です。

つまり、話を聞いているだけで、最終的な決定事項を知ることが目的ならば、わざわざ会議に参加しなくても、後で議事録を読めば十分です。**会議の参加者で一番無責任な行為は、発言しないことです。**

会議に参加しているからには、きちんとコミットすることが求められます。そこで、上司は、参加者全員が発言しているか、集中していない人はいないかなどに気を配ることも忘れないでください。

もし、発言していない部下がいたら、「金井さん、あなたはどう思う?」と問いかけてみるべきです。

部下が会議に集中していなければ、問いかけることによって、集中するようになるでしょう。それから、いい意見を持っていても、自分から発言しないというタイプもいるので、その時は名指しで問いかけてみてください。このように参加者全体に目を向け、バランスをとりながら、会議を進行するのも、上司としての心得のひとつと言えます。

また、上司がついつい、会議で演説をしてしまうことも多いので、注意が必要です。全体のバランスをとるどころか、上司自身が話してばかりいるのは大問題です。会議とは名ばかりで、ワンマン社長が一方的に話して、社員一同が「うん、うん」と聞いているなんていうのは、まったく生産性のないムダ会議です。

ですから、**自分の立場が上であればあるほど、一方的に話さないように意識することが必要です**。誰もあなたの話を中断することができず、結果として意味のない会議になってしまったのでは、お話になりません。

会議においては、立場は平等であるということも、共通理解としておくべきです。社長であれ、役職のついていない社員であれ、同等の立場で話し合うからこそ、意味があるということを絶対に忘れないでください。

上司のルール
75

効果的な会議の進め方

会議では、**平等が原則**です。社長も、平社員も同様に意見を述べる場です。

つまり、ある意見に対して、「誰が言ったか」は問題ではないのです。

あくまでも、その意見、提案にどのような価値があるのか、どんな問題があるのかなどについて、議論しなければなりません。

話し合いは、常に「話題にフォーカス」されるのであって、「人にフォーカス」するのではないのです。

たとえば、何かのプロジェクトで、人員が不足したためにトラブルが発生したというケースについて話し合っているとき、人員の配置に問題があったということは議論しても、誰が指示をしたとか、誰が判断を下したという点は重要ではありません。

それでも、会議をしていると「それは、山本が言ったことだろう」「いいや、もともとは望月がOKを出したことに問題が…」という話の応酬になることがあります。

そんなとき私は、会議を止め「人にフォーカスするのはやめよう。話題にフォーカスしよう」と言うようにしています。会議というのは、犯人捜しをする場ではないのです。

さて、会議がある程度進んできたら、適度に振り返ることも大切です。

「今までの件について、森田さんはどう思いますか?」

「このように決まったんですが、川崎くんの今の気持ちを教えてもらえる?」といろいろな人に振ってみるのです。そして、**会議の最後には、「感・学・気」の三文字で、何を「感」じたか、何を「学」んだか、何に「気」づいたかを振り返ることが大切です。**

振り返りという意味では、前回の会議を振り返ることも忘れないでください。

前回の会議で決まったことを実行したのか、その結果どうだったのかという点は、意外なほど忘れ去られていることが多いものです。したがって、繰り返し行っている会議ならば、必ず前回の振り返りから入るべきでしょう。

前回決まったことが実行されていないのであれば、今回決めることだって、実行されるはずがありません。そんなムダ会議にしないためにも、必ず前回の振り返りをして、確実に前に進み、生産性の高い会議にしましょう。**全てにおいて振り返りは学習を促します。**

上司のルール
76

三つのレベルで仕事の与え方を変えろ

複数の部下を持っている人なら、部下によって能力・タイプもさまざまだということに気づいているはずです。そんなバリエーションに富んだ部下たちに対して、画一的な仕事の与え方をしていては、部下の能力を最大限に引き出すことができません。やはり、上司というのは、それぞれの部下の能力・タイプを見極めて、仕事を与えなければなりません。

まず、能力という点では、その人がもともと持っているスキルのほか、経験値によっても大きく違ってきます。

そこで私は、仕事を与えるとき部下を三段階に分けて、考えるようにしています。

一つめは、**「ティーチング」**の段階で、仕事のやり方を一から説明しなければならない状態を指します。

二つめは、**「コーチング」**の段階で、ある程度の経験もあり、「どうしたらいいと思う?」

と質問を投げかければ、自分なりの考え、やり方などが返答できるレベルです。

最後は、**「委任」**の段階で、基本的にはこちらからサポートする必要がなく、仕事を一任できる状態のことです。

新入社員のようにあらゆることについて右も左もわからない人ならば、明らかに「ティーチング」段階なので、わかりやすいでしょう。

しかし、注意が必要なのは、ある程度キャリアがある人に仕事を与える場合、必ずしも「委任」とは限らないということを覚えておいてください。

社歴が長く、ベテラン社員だったとしても、初めて取りかかる仕事ならば、「ティーチング」段階にあることも大いに考えられるのです。

また、「コーチング」が適切な部下に、「ティーチング」で、事細かに仕事のやり方を説明したら、部下が自分自身で考えるということをしなくなってしまいます。あるいは、「あまり、信用されていないんだな」とモチベーションを下げてしまうかもしれません。

上司になると、仕事を与えるという今までとはまったく反対の立場になります。相手と仕事内容をよく見比べて、部下のモチベーションを高めつつ、成果の上がる仕事の与え方ができるように、考えてみてください。

上司のルール

77

仕事の五要素QQCDR

部下に仕事の内容を説明したり、仕事のやり方を伝えるとき、もっとも大切なのは、部下にわかるように伝えることです。

こんな話をすると、「私は、部下にわかるように説明しているよ」と自信を持って言う上司もいるでしょう。

しかし、それは「こんなふうに説明すれば、きっと部下もわかってくれるだろう」と勝手に上司が思っているやり方ではないでしょうか。

部下には、できるだけ曖昧さを排除して、誰にでもわかる言葉で、疑問の余地のない方法で話をしてあげるべきです。

そこで、私は**「QQCDR」**という仕事の五要素というやり方を頻繁に使います。

それは、**quality（クオリティ・質）**、**quantity（クオンティティ・量）**、**cost（コスト）**、

dead line（デッドライン・期日）、rule（ルール）です。

部下に仕事を与えるときには、「どのくらいの量の仕事を、どんな質で、どのくらいのコストで、納期はいつで、このルールを守ってやる」という形で行うのです。

さらに、その内容に**「5W2H」**である、**When（いつ）、Who（誰が）、Where（どこで）、What（何を）、Why（なぜ）、How（どのように）、How much（どのくらいで）**という項目がきちんと含まれていれば、物事はより正確に伝わるでしょう。

このくらいはっきりとした指示、説明であれば、疑問を差し挟む余地がないので、上司と部下は共通認識を持つことができます。仮に部下に不明点、あるいは不安な要素があったとしても、それがどのポイントなのかすぐに判断できるでしょう。

たとえば、「このルールを守っていると、時間がかかり過ぎて、期日に間に合いそうもない」とか、「この質をクリアするには、コスト面が厳しくなる可能性が高い」など、焦点の合った会話が成り立つでしょう。

部下にわかりやすく説明をして、しっかりと共通認識を持つということは、上司の責任だということを忘れないでください。

上司のルール

78

マネジメントは不公平でいい

「どんな部下にも平等であれ」というのは、現実的には成り立たないと私は考えています。

上司は、部下を教育して、部下の能力を最大限に引き出し、部下に成果を上げさせるために働いています。

しかし、部下によってタイプはまちまちなのですから、それぞれの部下にあったマネジメントをしなければ、一人ひとりの部下から能力を最大限に引き出すことはできません。

仕事を与えるというシーンをとってみても、部下によって与え方を変えることが必要でしょう。

たとえば、上司が仕事の内容や目標など、すべてを明確にして、詳細まで説明してあげることによって、やる気を出すタイプもいれば、上司と部下が一緒になって仕事の中身を明確にしていくというスタイルを好む人もいます。

そうかと思えば、「おまえならできるよ。よろしくな！」という感じで、スパッと渡してしまうと、がぜん燃えてくるというタイプもいるのです。

どのようなマネジメントが正しくて、どれが間違っているということはありません。大切なのは、どの方法が、もっともその部下に適しているかです。

あなたの周りにも、部下をその気にさせるのが非常にうまい上司がいませんか？ ぜひ、その人のマネジメントをよく見てください。いつでも同じように部下に相対しているように見えて、じつは部下によって、微妙に接し方を変えているはずです。

もちろん上司も人間ですから、部下との相性によって、うまくやる気を引き出せる部下とあまりうまくいかない部下がいるかもしれません。

しかし、その問題を「人間同士の相性だから仕方がない」でかたづけないでください。部下がやる気を持って、仕事に打ち込めるようにするのは、上司の責任なのです。

上司になりたての人ほど、「自分なら、こんなふうに接して欲しい」という基準で、部下に接するかもしれませんが、それはあくまでも「あなた自身が部下だったら」という話です。

ひとつのパターンに固執せず、それぞれの部下のキャラクターを見極めて、どんな接し方、どんな仕事の与え方がベストなのかをもう一度考えてみてください。

上司のルール

79

言葉は魔力だ！

ある証券会社のCMで、とてもおもしろい話が紹介されていました。

紳士が「このお金の二割を貯金しなさい」と言ったら、子どもはそれを断りました。

そこで、紳士は「このお金の八割で生活をしてみたら」と言ったら、子どもはそれを受け入れたという話です。

このちょっとした言葉のやり取りには、上司と部下のコミュニケーションにおいて、重大なヒントが隠されています。

似たような例に、野球のコーチの話もあります。

ダメコーチは「低めに手を出すな」と指導し、名コーチは「高めを打っていけ」と指導するという話です。

言葉というのは本当に不思議なもので、ネガティブな表現をされると受け入れがたく、ポ

ジティブな表現はすんなり心に入ってくるという性格を持っているようです。

上司であれば、部下に対して日常的にいろんな言葉をかけています。

「高橋くん、企画書はこんな形式にはしないでくれよ」

「佐藤さん、プレゼンの資料は、誰がこんなふうに作れって言ったんだ！」

「今日、契約が一件も取れないヤツは、帰ってこなくていいからな！」

などなど、無意識に否定的な表現を使ってしまっているのではないでしょうか。

もちろん、上司の側にしてみれば、部下のやる気を削ごうとしているわけではありません。無意識に言っていることもあるでしょうし、部下のやる気を引き出そうとしている面もあるに違いありません。野球のダメコーチだって悪気があって「低めに手を出すな」と言っているわけではないのです。

それでも、受け止める方としては、言い方ひとつで大きな差となってしまうのです。反対に、言い方にちょっと気をつけるだけで、部下の受け止め方は大きく変わってきますし、それによって成果も変わってくることでしょう。

言葉は魔力という思いを胸に、ほんの少しだけ表現に気を遣ってみてはいかがですか。

上司のルール

80

部下の能力や人格を否定するな

上司から言われた言葉で、やる気をなくしてしまったなんて経験が、誰にでも一度くらいはあるのではないでしょうか。

上司にしてみれば、悪気はなかったとか、勢いで言ったにすぎないとか、ついカッとなってしまったなど、事情はいろいろあるのでしょうが、部下がやる気をなくしたという事実は変わりません。

上司は、本来ならば部下にやる気を起こさせる存在です。その上司が、どんな事情にせよ、部下のやる気を削いでいるようではいけません。

一般的に、部下の人格や能力を否定するような言葉はタブーだと思ったほうがいいでしょう。

「二日もかけてつくったのに、この程度か…」（能力の否定）

「このくらいの仕事だったら、誰でもできるんじゃないか…」（能力の否定）
「君の文章はどこか暗いな。性格が暗いからじゃないか…」（人格の否定）
また、上司自身が使う資料を部下につくらせた場合、「こんなもの私がつくったと思われたら、恥ずかしくてしょうがないよ。君が会議に出るなら、恥をかくのは君だからいいけど、私が恥をかくってことを忘れるなよ」と言う人がいますが、これは最悪です。能力、人格を否定しているだけで、まったく意味のない言葉です。

上司から見れば、仕事の出来が不十分だったのは、事実かもしれません。

しかし、部下を成長させよう、やる気を出させようという意図から発せられた言葉でないのは、明らかです。上司がその場の感情に任せて、相手を傷つけているだけです。

言葉遣いに気をつけることは、もちろん大切なことです。

もし、部下を傷つけ、やる気を喪失させるようなことを言っているならば、ぜひ意識を改めて欲しいものです。部下が仕事ができないのは、上司であるあなたの指導に問題があるのです。その部下に対して、ひどい言葉をかけるというのは、自分の責任という意識が欠如している証拠です。**部下に対して「何で、こんなにダメなんだ」と感じたときは、まずは自分の指導が至らないんだということを、必ず思い出してください。**

上司のルール

81

スタートを見届ける

上司が部下にするフォローには、いくつかのパターンがありますが、「スタートを見届ける」というのも大事なフォローのひとつです。

上司というのは部下に仕事を与えると、その部下がすぐに仕事に取りかかると思いがちです。

ところが実際には、「この仕事、よろしく頼むな」と言ってから、しばらく経って部下に確認してみると、まだ手をつけていなかったということがよくあります。

部下の立場で考えてみると、仕事を始められないのには、いくつかの理由があります。

単純にモチベーションが上がらないために、すぐ行動に移せないとか、上司には言えなかったが、じつは仕事のやり方がまったくわからずに、どこから手をつけていいか思案しているなんてことも、めずらしくありません。

「仕事を始められないような事情があるなら、自分に言ってくるだろう」と考えるのも、上司の勝手な思い込みです。

「課長、この件ですが、従来の手順通りではうまくいかないと思い、どうしたらよいのか判断がつきかねておりまして…」などの申し出ることができる部下は、むしろ優秀と言えるのではないでしょうか。

上司から仕事を与えられたときには、「大丈夫です」「やります」と威勢よく答えていながら、じつは他の仕事を大量に抱えていて、時間が取れずにいるというケースも考えられます。

いずれのパターンでも、**上司がスタートを見届けてあげることが肝心です。**

なかなかスタートを切れずにいる部下がいたら、「何か問題でもあるの?」とさりげなく尋ねてあげるといいでしょう。

「なんだ、まだ始めてないのか」「そんなこともわからないのか」という言い方では、心を閉ざしてしまいます。また、「こうすればいいじゃないか」といきなり答えを提示すると、部下が自分で考えることを放棄してしまいます。

上司の立場は非常に微妙なものですが、まずは黙って見守り、スタートできなければ、さりげなく聞いてみるというのが一番なのではないでしょうか。

上司のルール

82

正しい方向へ進んでいるかを確認

部下へのフォローの二番目は、「正しい方向へ進んでいるかを確認する」ということです。

部下は常に上司の意図を一〇〇％理解して、寸分違わぬ方向へ仕事を進めるというわけにはいきません。スタートを見届けたはいいが、気がついたらとんでもない方向に進んでいたという苦い経験をお持ちの方も多いでしょう。

そんなとき、「おい、どうしてこんなことになっているんだ！」と叱り飛ばす上司がいますが、その人は上司としての責務をまっとうしてると言えるでしょうか。

もちろん、部下には報告義務があるので、そんな状態になるまで、一切報告しなかったという落ち度はあります。

しかし、報告がなかったからと言って、「知らなかった。どういうことだ！」と上司が言うのはあまりに無責任です。

やはり、上司としては「自分の考えがきちんと伝わっているかな…」「自分が意図している方向にちゃんと進めてくれているかな…」という思いをもって、しばらくフォローすることが必要です。

だからといって、任せた仕事に対して、いちいち口を挟むということではありません。そんなことをしてしまったら、仕事を任せた意味がまるっきりなくなってしまいます。

基本姿勢は、黙って見守るということです。

それで、もし、ちょっと違った方向へ進んでいるようなら、「例の件は、どんな感じになってる?」とさりげなく声をかけて、「あれは、こういうふうに進めています」という答えが返ってきてから、**「そうか。そこはもうちょっと、こんな感じにしてくれたほうが助かるな」とうまく軌道修正してあげるといいでしょう。**

部下にやる気を出させながら、部下を育てるということは、ときに非常に回りくどく感じるものです。

しかし、そこはじっと我慢するのが上司の仕事です。

もし、その部下が上司になったとき、「ああ、あの上司はこんなふうに待ってくれたんだな」と初めて知り、感謝してくれる時が来るはずです。

上司のルール
83
必ず経過報告をさせる

上司の究極の仕事は、「自分の仕事をなくすこと」という話は、すでに述べています。部下にどんどん仕事を任せることは非常に大切なことですが、そのぶん上司は不安でたまりません。

この不安を解消してくれるのが、部下からの報告です。

「□□商事の件は、企画書を渡して、先方の部長に確認してもらっている段階です」

「取引先変更の件ですが、新たな□△商店からは問題なく納品されています」

「見積書の件ですが、ほぼ出来上がっていますが、営業一課からの経費の見積を待っているところです」

という具合に経過報告を受ければ、上司としては安心できますし、適度なアドバイスを与えるタイミングも生まれます。

ですから、**部下に仕事を任せるときには、どのタイミングで、どのような経過報告をして欲しいかということを、きっちり部下に伝えておくことが必要です。**

その際、「君に仕事を任せるのは、ちょっと不安だから、こまめに報告してくれよ」というのは、最悪です。

部下にしてみれば、「そんなに信頼できないなら、他の人にやらせてくれよ」という気持ちになります。

そもそも、報告というのは誰にでもある責任であって、能力のない人だけに課せられている特別な宿題ではありません。

仕事を任せるからには、どんな人にでも結果責任と説明責任が伴うということを、しっかりと教えることが大切です。「不安だから報告してほしい」ではなくて、「仕事を任せるからには、結果責任と説明責任が伴うので、こまめにきちんと報告するようにして欲しい」と話しをするのです。

もちろん、最初はつたない報告が上がってくることもあるでしょう。やはり、そこは根気強く我慢を続けて、少しずつ指導しながら、報告の能力がアップするのを待ちましょう。

報告に限らず、部下を育成する限り、上司の仕事の多くは**「待つこと」**なのです。

上司のルール
84
目配り、気配り、手配りを効かせよう

上司が部下をフォローするには、そのバランスが一番むずかしいものです。仕事を任せることが大事だけれども、任せっきりで放っておいてもいけないし、間違った方向へ進みそうなら、軌道修正をしてあげなければならないが、すべての方法を上司が提示しすぎてもいけない。

じつに、微妙なバランスです。フォローにおける基本的な意識は、部下のことを常に気にかけ、目配り、気配りを怠らないということに尽きます。そして、必要であれば、最小限の手配り、具体的な助言、サポートを行なうということです。

上司が部下を叱った後にするフォローも大切な気配りのひとつと言えます。

実際、私も部下時代に上司と衝突して、「あんな上司と仕事してられるか」という気持ちになったことがありますが、その日の夜に自宅に電話がかかってきて、「昼間は言いすぎた。悪かったな」と言ってもらっただけで、気持ちがすっきりと晴れたという経験があります。

フォローの原則は、上司が部下にするものです。叱られた部下が、後日「先日は本当に申し訳ありませんでした」と言ったところで、どれだけ関係が修復されたかはわかりません。

しかし、上司のほうから「言いすぎたな。悪かった」と言ってもらえれば、部下の気持ちはずいぶんと軽くなります。

そのほか、「あなたのことを買っているから、つい厳しいことをいってしまう」という言い方で、部下を奮起させるのも、一つのやり方です。

「そんなこと、言わなくてもわかるだろう」というのは、上司の思い込みで、**上司が考えているほど、上司の心は部下には伝わっていないものです。そこは言葉という形にして、フォローしてあげる必要があるのです。**

上司にもいろいろキャラクターがあって、フォローの言葉をすんなりと言える人もいれば、不器用で、なかなかうまく伝えられない人もいます。

ただ、不器用だからと言って、フォローをしないのは問題です。不器用なのは部下たちもわかっています。だから、不器用なりにフォローしようとする姿勢を示せばいいのです。それだけでも、部下は十分わかってくれるはずです。

上司のルール 85

なぜ、報・連・相が必要なのか

ほとんどの方が、報・連・相（報告・連絡・相談）という言葉を知っているでしょう。仕事をするうえで、報・連・相は非常に重要な要素です。報・連・相なくして、組織、チームでの仕事は成り立ちません。

さて、ここでは「報・連・相はなぜ必要なのか」ということを再確認してみましょう。

あなたの部下は、なぜ報・連・相が必要なのか、その根本的な部分を理解しているでしょうか。ひょっとすると、「上司に言われたから、報告しなければならない」「連絡くらいしておいたほうがいいでしょ」「迷ったら、上司とか、同僚に相談したほうが無難でしょ」という程度の認識しか持っていないのではないですか。

本来、**報・連・相とは、組織力の強化につながるものなのです。**誰がどんな状況にいるのか、どんな情報を得たのか、どのような問題に直面しているのかなどを共有することで、チームとして最善の策を講じることが可能になるのです。

報・連・相の反対と言えば、「個人プレー」「抱え込み」です。一人だけで情報を独占したり、誰にも相談なしに暴走したりする状態です。

一人で外回りをする営業マンも、一人でパソコンに向かっているシステムエンジニアも、基本的には組織、チームで仕事をしています。

そのため、チーム全員が報・連・相の大切さを意識し、共有しなければならないのです。言うまでもありませんが、上司も部下も同じように報・連・相が大切です。

報・連・相というと、部下が上司にするものと勘違いしている人もいますが、上司だけが知り得た情報を部下に連絡してあげることによって、仕事がスムーズになったり、大きな成果を上げる助けになることもたくさんあります。

上司はまず、「私は、必要なことをどんどんあなたに連絡するし、相談する。だから、あなたも報告や連絡をマメにしてほしい。それに、疑問点はどんどん相談してほしい」と伝えることが大事です。

言い換えれば、報・連・相を上司と部下でお互いにしっかりやることで、強固なチームとして、最大の成果を上げましょうということです。

上司のルール

86

部下が報告してこないのは、上司のせい

「なぜ、そんな大事なことを言わなかったんだ！」

部下の報告が遅れたばかりに、重大なトラブルに発生し、思わず部下にこう叫ぶこともあると思います。

この場合、報告が遅れた部下に問題があることは事実です。しかし、問題はそれだけでしょうか。

報・連・相がしっかりできない部下の多くは、問題が発生したとき、上司に報告・相談するのが遅いものです。それは能力の問題というより、意識の問題です。

どんな部下だって、問題が発生すれば「マズイ」という意識はあるはずです。その瞬間、上司の顔が浮かんでいる人だって、きっとたくさんいるはずですが、すぐには報告しない。そこに問題があるのです。

上司としては、**悪いニュースをどんどん報告してくるような環境、雰囲気をつくってあげなければなりません。**

ミスをした部下が、上司に報告したくないという心情は理解できます。そんな精神状態にあって、「報告したら、怒鳴られるだろうなぁ…」「また、ヒステリックに怒られるなぁ…」と思ったら、ついつい連絡も遅れてしまいます。

上司がどんなに怒っても、部下はスムーズに報告するようにはなりません。「なんで、こんなに報告が遅いんだ！ もう、二度とこんなことはするなよ！」と怒れば怒るほど、次も報告しにくくなるのは当然です。

それよりも、事態を冷静に受け止めて、一緒に善後策を考えてあげるなどの対処をすることが先決です。

「上司に報告すれば、一緒に考えてくれる」「上司に相談すれば、解決策が見つかるかもしれない」という気持ちを持たせることが大事なのです。部下がミスをしたとしても、必ずしも報告・連絡・相談があった瞬間に叱る必要はありません。事態を収縮させてから、おちついてミスについて検証し、再発防止に努めればいいのです。

報・連・相がうまくいかないのは、上司にも責任があるのです。

上司のルール

87

報告はわかってからでは遅い

上司にしてみれば、悪い報告は早ければ、早いほどいいものです。そのため、多くの上司が「わかったら、すぐに報告しろ」という言い方をしているのではないでしょうか。

しかし、**私はわかってからでは遅いと部下たちに話しています。それよりも前、つまりは予測できた時点でまずは第一報を入れるように伝えているのです。**

たとえば、部下に頼んだ仕事の期日が遅れそうになったときのことを考えてみましょう。この場合、「わかった時点」というと、期日当日にあきらかに間に合わないということが判明した時点ということになります。

その時点で、部下は上司に電話をして、「申し訳ありませんが、今日の期日に間に合いそうもありません」と伝えることとなりますが、その状況はもっと前の段階で予測できたのではないでしょうか。おそらくは、二日前くらいの段階で、「これはやばそうだ」と思っていたはずです。

私は、その時点で一度は連絡なり、報告なりをするべきだと考えます。

「期日は二日後なんですが、間に合わない可能性が出てきました。もちろん、全力で間に合わせるように努力はしますが、念のため頭に入れておいてください」と報告しておいて欲しいのです。そうすることにより、上司としても次の一手を考えておくことができます。

また、遅れることが確実になった場合には、報告と同時に、自分なりの意見、対応策を持ってくるようにも指導しています。

「期日に間に合わないので、一日だけ時間をください。一日遅れることによって、この部署と、この部門の担当者に迷惑をかけるので、私から事情を話して、謝罪をしておきます」というような感じです。

報告・連絡・相談というのは、仕事の基本ではありますが、どのようにやるかによってその人が与える印象、仕事のやり方などたくさんの部分に影響してきます。

自分が管轄している部門のメンバーには、どのようなタイミングで、どのように報・連・相をするのか、しっかりと教えておくことが肝要です。

上司のルール

88

早いレスポンスが部下の信頼をかう

報・連・相は上司も部下も同様に行うものですが、やはり上司のほうが報告や相談を受ける機会が多いでしょう。

さて、ここで大切なことは、報告・連絡（場合によっては相談についても）に対して、即座にレスポンスをするということです。

最近では、連絡ツールにメールを使うことが多いでしょう。メールはとても便利ですが、本当に相手に伝わっているのかどうかが判断できないという弱点もあります。

そこで、**何かしらの報告・連絡を受けたら、「受け取りました」「了解しました」という旨を伝える意思表示をしてあげるべきです。**

そうすることで、「伝わっているのかな」と不安にさせることもなく、確認の電話をしてもらう必要もなくなります。

トラブルが発生して、部下がメールで報告してきた場合、上司がすぐに返信してあげれば、部下は安心するはずです。

外回りをしている部下のメールに対して、上司の返答、返信がなければ、「上司はどう思っているんだろうか」「自分が思っている以上に、重大事だと捉えているのだろうか」「それとも、まだ読んでいないのかな…」とあれこれ思案してしまいます。

上司ならば、そんなムダなことに労力をかけさせるのではなく、次の展開に頭を切り換えさせてあげましょう。

さらに、レスポンスが早いというだけで、相手に好印象を与えることもできます。取引先から、価格についての質問が合った場合でも、すぐに価格は調べられなくても、「お調べして、明日の午前中までにはご連絡いたします」と返信することはすぐにでもできるはずです。

このような迅速な返信をもらえたら、相手はスケジュールも組みやすくなり、あなたの信頼度もアップするでしょう。

原則として、メールは時間差のコミュニケーションツールです。だからこそ、タイムラグのない返信で、他人と差をつけることができます。じつに簡単で、有効な手段ですので、ぜひ実践してみてください。

上司のルール

89

部下の相談にはのるな

「あなたは部下に相談されたとき、どのように返答しますか?」

このアンケートをとったとき、もっとも多いのが「状況を確認して、できる限りのアドバイスをする」という答えだそうです。

きちんと話を聞いて、状況を把握しているのですから、そう悪い対応とも思えません。ですが、私なら「君はどう思う?」とまず聞きます。

経験も能力もある上司なら、部下が直面している問題に答えを出すのは、そうむずかしいことではないかもしれません。しかも、すんなりと答えを導き出せば、「さすが、課長」と言って、尊敬されるかもしれません。

しかし、上司の仕事には部下を育成するということも含まれています。つまり、上司がスゴイことを部下に示すことができたとしても、部下が成長する機会を奪っているとしたら、それこそ本末転倒です。

本当に部下のためを思うなら、目の前の問題を解決してあげるのではなく、その問題を解決できる力をつけさせてあげるべきです。

問題を解決したり、改善したりするには、とにかく自分で考える習慣をつけることが不可欠です。自分で考えることなしに、上司の考え、周囲の判断ばかりに頼って仕事をしていては、いつまでたっても一人前になれません。

しかも、上司の考えや周囲の判断で動いた部下は、それで失敗をしたときに人のせいにできてしまいます。だからこそ、最終的には自分で考えて自分で判断をしたという認識を持たせるためにも、本人に考えさせて判断させることが重要です。

ぜひ、自分で考える習慣をつけさせるために「君はどう思う?」「あなたの考えは?」と部下に聞いてください。その時点で、考えがないなら、私は迷わず追い返します。問題解決の手助けをする用意はいつでもありますが、まずは自分で考えさせることが先決です。

あなたの部下は、一生あなたのもとで生きていくわけではありません。魚を釣ってあげるのではなく、魚の釣り方を教え、一人でも生きていけるようにしてあげることが、もっとも必要なことなのです。

上司のルール

90

褒めると叱るはバランスシート

部下時代と違って、上司になると部下を褒めたり、叱ったりする機会が非常に増えます。

そこでぜひ心得て欲しいのは、「褒めると叱るはバランスシート」という考え方です。バランスシート（貸借対照表）とは、決算書の一つで、左右（左の資産・右の負債と純資産）の金額が常に一致していなければならないという原則があります。

それと同じように、褒めるのと叱るのは同量でなければならないという考え方です。

しかし、人間はつい悪いところばかりを見てしまう習性があります。

実際、上司や管理職向けに行っているセミナーのなかで、A・B・Cという三人の上司のマネジメントパターンを示して、それぞれの良いところ、悪いところを書いてもらうと、良いところが一つに対して、悪いところが三つ見つかるというおもしろい結果が出ます。

それだけ、悪いところ、叱るべきポイントのほうが目につきやすいということなのです。

部下の立場にしてみたら、一つ褒めてもらったと思ったら、三つのことで叱られるくらいの感覚になるので、全体としては、「ひどく、怒られてしまった」という印象を持つでしょう。意識して部下の良いところを見つけ、褒めてあげなければ、褒める量と叱る量のバランスが取れなくなってしまうのです。

ここで注意していただきたいのは、「とにかく部下は褒めて伸ばそう」と言っているわけではありません。私は、しっかり叱って、たくさん褒めることこそが大切だと思っているので、巷で言われているような「とにかく褒める」というやり方がいいとは思っていません。

ただ、**意識をしないと、叱る量が自然と多くなるという現実は認識しておくべきでしょう。**

褒めるときは褒める、叱るときは叱るというメリハリがきいていれば、部下たちも不満を感じたり、根に持ったりすることも少ないのではないでしょうか。

褒める、叱るに関しては、子育ての話でもよくされる部分ですが、とにかく感情で叱ってはいけません。上司自身の感情を沈めるため、気持ちのやり場がないために、叱るのではありません。

部下を叱るときは特に、部下を成長させ、能力を最大限に発揮させるためという本質が揺らがないように注意してください。

上司のルール

91

褒めるとき、叱るときの三要素

褒めるとき、叱るときに大切にしたい三要素があります。

①事実に基づいていること
②周囲への影響を考慮すること
③上司の感情を伝えること

まず、褒めるにしても、叱るにしても、大切なのは「事実に基づいている」ということです。部下の「どの行動」を褒めているのか、あるいは問題があったのかという点を明確にして、具体的な事実にそって褒めたり、叱ったりします。「きみはいつも同じ失敗をするな」、「前も同じようなミスをしたよね」などと、日時と行動が特定できない叱り方では、部下は納得できません。

さらに、褒めたり、叱ったりするときには、部下のその行動が、周囲にどんな影響をおよぼすのかを具体的に伝えます。そして、最後に上司自身がどんな感情をもったのかを一言つけ加えます。

つまり、褒めるにしても、叱るにしても、「事実」＋「周囲への影響」＋「上司の感情」という三つの要素から成り立っていることを意識してください。

たとえば、「朝のあいさつをきちんとしよう」という話をした翌日、ある部下がきびきびと大きな声であいさつをしたとします。

その場合には、「いま、あなたはとてもいいあいさつをしたね（事実）。あなたがそうしてくれるおかげで、まわりの人のあいさつへの意識も高まると思う（周囲への影響）。私はとてもうれしかった。ありがとう（上司の感情）」と褒めます。

一方、あいさつをせずに無言で自席についた部下には、「いま、あなたはあいさつをしなかったね（事実）。あなたがあいさつをしないとまわりにも悪い影響を与え、あいさつが根づかなくなってしまうよ（周囲への影響）。私は非常に残念に思う（上司の感情）」と叱ります。

こうすることによって部下の心に響く、褒め方、叱り方ができるのです。

上司のルール

92

自分の上司が、自分の部下を叱った場合

上司になって部下を持つようになったと言っても、あなたにも当然上司がいるはずです。

ここでは、あなたの上司が、直接あなたの部下を叱ったケースについて考えてみましょう。

この場合、会社によって組織のあり方が違いますが、原則として、あなたの部下に対して、あなたの上司が直接叱るのは、筋違いだと私は考えます。

あなたの上司が、あなたの部下に対して気に入らないこと、注意すべきポイントがあったのならば、まずは直属の上司であるあなたに注意すべきなのです。「最近、売上が落ち込んでいるぞ。朝の時間を有効に使っていないのが問題じゃないか」など、直接あなたの部下に関わる問題でも、まずはあなたに言って、あなたから部下に伝えるのが正しい姿です。

もし、あなたの上司に直接部下が叱られた場合には、上司に対して、「どんな問題でも、まずは直属の上司である私に言ってください。私に言って、それでも状況が変わらなければ、

直接部下へ言うことも仕方ありませんが、まずは私に声をかけて欲しいと思います」とはっきりと上司に言うべきでしょう。

上司というのは、部下に対して責任を持つと同時に、部下のことを守ってやらなければならないという側面もあるのです。

そして、その後部下に対しては、「申し訳なかった。私が話を聞いたうえで、君たちに伝えるべきだった」「部長が直接言いに来るのを止められなくてすまなかった」と謝罪します。

ただし、そのままでは、あなたの上司が悪者になってしまうので、その問題が事実であれば、改めて自分の口から注意を与え、そして、その上司をフォローすることも忘れないでください。

事実、問題の根本が部下にあったとしても、その状況に気付き、対処すべきだったのは直属の上司であるあなたの責任です。どう考えても、さらに上の上司から、直接叱責される問題ではないのです。

部下に対して厳しいことを言う場合でも、直属の上司として、信頼関係ができているからこそ言えるという部分もあります。上司となったからには、あなたの部下が他人に叱られるのは耐えられないというくらいの責任感、使命感を持つべきです。

上司のルール

93

やる気の善循環システムを回せ

「どうすれば、部下がやる気になるのだろうか…」

上司ならば、この悩みを常に抱えているのではないでしょうか。

ハッパを掛けてみたり、叱ってみたり、応援してみたりと、上司はあの手この手で部下のモチベーションを上げようとします。

そもそも、人がやる気を起こすには、ひとつの流れがあります。

それは、**「責任ある仕事」→「達成感」→「評価（承認）」→「成長」**というサイクルです。

これはアメリカの学者が唱えた説で、私は「やる気の善循環システム」と呼んでいます。

このサイクルを目にしたとき、「よくある話じゃないか」と思った人も多いかもしれません。

責任ある仕事を任せて、それを成し遂げることで、部下が成長したなんてエピソードは、どこでも耳にする話かもしれません。

しかし、このやる気の善循環システムをもう一度よく見てください。ここに含まれる四つの要素はどれも大切ですが、**上司であるみなさんには「評価（承認）」を忘れないようにして欲しいのです。**

大きな仕事を任され、それを成し遂げたとき、「本当によくやったな」「君の頑張りは、部長にも伝えておくよ」「クライアントにも、君の功績を報告しなければな」という感じで、認め、褒めることが必要です。**何も「評価（承認）」とは、人事の評価やお金に現れるものだけではありません。**

部下というのは、「成し遂げた達成感」＋「上司に認められた・評価された」という組み合わせによって、さらにモチベーションを高め、どんどん成長していくのです。

ここでも、上司はしっかりと部下に伝わるように、評価してあげてください。「私の気持ちは部下にも十分伝わっているだろう」と考えて、はっきりとした言葉で表現しないのは、よくありません。

上司にもキャラクターの差はあるでしょうが、部下を褒め、さらにやる気を引き出すのは、上司に課せられた仕事であって、褒めるのが得意な人だけがやればいいというものではありません。ぜひ、やる気の善循環システムを回して、部下をやる気にさせてあげてください。

上司のルール

94

部下の指導を会社の評価に合わせる

部下を指導するときには、会社の評価システムに合わせることが大切です。**こんな能力を身につけて、これだけの成果を上げれば、会社からはこんなふうに評価されるという流れが、一本につながってなければいけません。**

そもそも、あなたは会社の評価システムをしっかりと理解していますか。

あまり自信がないという人は、急いで確認してみてください。上司が部下を指導するとき、会社の評価システムと合っていないなんてことがあったとしたら、大変です。

「課長に言われて、こんなにもがんばったのに、会社からはまったく評価されないよ」

「主任の言う通りの成果を上げても、給料は変わらないし、昇進するわけでもないんだよ」

ということになれば、部下のモチベーションが下がるのは確実です。やる気の善循環システムでも、「評価（承認）」は欠かせない要素です。その部分が、上司と会社でズレていたのでは、部下は混乱してしまい、結局はやる気をなくしてしまいます。

そうならないためにも、**上司自身が会社の評価システムを把握しておきましょう。**

会社の評価システムを理解したら、「どうも、会社の考えと自分の考えにはギャップがあるな」と感じることがあるかもしれません。そんなとき、上司であるあなたが、会社やさらに上の上司に意見することは、大いに結構です。

ただ、**会社の評価システムを無視して、自分なりの指導を部下にするのはタブーです。**

あなた個人の考えで、部下までが評価されないとしたら、部下はあまりにもかわいそうです。ですから、評価システムを変更するに至らないのならば、やはり自分の考えより、会社の方針に従うべきでしょう。

さて、会社の評価システムと部下への指導に一貫性を持たせるためには、会社が評価システムをオープンにしていることが前提です。会社によっては、評価システムをオープンにしていないところがありますが、私は絶対に公表すべきだと考えています。個人の評価はクローズでも、評価システムはオープンが基本です。

もし、あなたの会社が評価システムを公表していないなら、上の上司に「どうして、評価システムをオープンにしいていないんですか」と聞いてみてください。

上司のルール

95

仕事の場を大切に

職場環境によって、仕事の効率が変わるというのはよく聞く話です。

二〇〇五年頃には、インテリアデザイナーなどを入れて、オフィスを改造するのがちょっとしたブームになったこともありました。

実際にはそこまでやらないとしても、自分たちが働くオフィスをきれいに掃除したり、さまざまな書類を整理したりして、働きやすい環境を整えることはとても大切です。

オフィスというのは、リーダーのキャラクター、嗜好によって、雰囲気が変わるものです。きれい好きのリーダーだと、職場全体がきれいになるし、無頓着な人だと、全体的に雑然としてくるものです。

ぜひ、部門を統括する上司になったら、職場をきれいにして、誰もが働きやすく、お客様を迎え入れやすい状態を保つように心がけてください。

また、**職場環境という話の延長で、どんな仕事をどこでやればいいのかという点も、上司なら気を遣うべきでしょう。**

もっとも顕著な例を挙げれば、「この話は、どこですべきか」を考えるということです。部下と話をするといっても、部下の席へ行くこともあれば、自分の席に来てもらうこともあります。会議室で話す内容もあるでしょうし、外へ出て喫茶店で打ち合わせをすることもあるでしょう。

それぞれ場所の特性、周囲への配慮などを総合的に考えて、適切な場所で仕事を行うようにしましょう。

私は、ちょっと議論になりそうだなという話は、会議室や喫茶店などを利用して、多くの部下の前ではやらないようにしています。単純に、近くで議論なんてされていたら、仕事の邪魔になりますし、「何を議論しているのかな」と周りも気になるでしょう。

また、オフレコの話を小声でしているのも、周囲の人たちにしてみれば、結構目立ちます。どうせオフレコなら、席を外すのが当然です。

上司になったのなら、職場環境を大切にするという意味で、すべての部下が働きやすいような状態になっているかどうかも一度チェックしてみてください。

上司のルール

96

情報は意図的に開示する

上司になれば、部下時代とは違った会社の重要情報に触れる機会が出てきます。

そこで浮上してくるのは、どれだけの情報を部下に開示するかという問題です。それにはいくつかの考え方があると思います。

たとえば、部下によい影響を与えると思われる情報は開示して、それ以外は上司だけにとどめておくという方法もあれば、部下が必要だと思われる情報だけを流すとか、可能な限り部下にも情報を開示するというスタイルなど、いろいろです。

私の考えは、可能な限り情報は開示すべきというものです。

そもそも、部下によい影響を与えるとか、部下が必要だというのは、上司が勝手に判断しているものです。つまり、上司がフィルターをかけてしまっているということです。

しかし、情報というのは、いつ、どこで、誰の役に立つかわかりません。そのため、会社

の機密情報や法律などの問題に抵触しない限り、どんどん情報は開示すべきです。

私は、会社を始めたばかりの頃、社員にいい影響を与えると思われる情報だけを開示していましたが、ある時から考えを改め、あらゆる情報を開示することにしました。そこには、会社としてマイナスイメージとなる情報も含まれていましたが、社員たちは、あらゆる情報を知ってからのほうが、私と同じ目線で、よりがんばろうとしてくれました。

情報を開示しないということは、部下を信頼していない証拠でもあります。信頼していれば、可能な限りどんな情報も見せることができるはずです。その情報から、どんな印象をもち、どんな判断を下すのかは、個々が考えればいいことです。

私は過去に、従業員ひとりあたりの経費一覧を公表したことがあります。「経費＝給料」だと思っていた部下が、自分の正しい経費（思っている以上に経費がかかっていること）を知り、どのくらいの利益を稼がなければならないかを意識するようになったということがありました。

本当に、情報というのは、どこで、どんなふうに役立つか、わからないものです。したがって、上司がフィルターをかけずに、どんどん公表することをオススメします。

上司のルール

97

新入社員のギャップを埋める

四月に入社した新入社員も、三ヶ月くらいが経過すると、個々によっていろいろな違いが表れてくるものです。

「え、あいつ辞めちゃったの…」「あの人は、評判がよくて、期待していたんだけどな…」「彼女は意外とがんばっているよね」などなど、さまざまな人がいます。

同じスタートラインに立って走り出したはずなのに、どうしてそのような差が出てきてしまうのでしょうか。それは、新入社員たちが「期待と現実のギャップ」にはまっているからです。三ヶ月もすれば、新入社員たちもいろいろな思いを持っています。

「こんな仕事だとは思わなかった」「職場の雰囲気がイメージと違った…」「もっと自分はやれると思っていたのに…」「意外とたいへんな仕事だ」「どうしても、上司と馬が合わない」などが代表的なところでしょうか。

期待と現実にギャップがあるのは、ある意味当然です。ギャップがあること自体は大きな問題ではありません。

問題は、そのギャップを誰が埋めてくれるのかという部分です。この役割を担うのは、言うまでもなく直属の上司（場合によっては先輩）ではないでしょうか。

「営業は大変な仕事だから、俺も何回もやめようと思ったよ。でも、そのたくさんの困難を乗り越えたおかげで、人にはないような経験をさせてもらって、今の俺があるんだよ」

「君は将来人事の仕事をしたいといっていたよね。今の仕事でがんばって部下を育てることを覚えたら、きっと大いに役に立つと思うよ」

「今の営業という仕事は、現在会社の売上の□%を担っている大変重要な仕事だ。そこで成果を出せば、はるかに高い評価が得られるぞ」

どんな社員でもそうですが、新入社員にとっては特に直属の上司の存在は大きなものです。どんな上司の下で、どんなことを学び、経験するかによって、その後の仕事人生は大きく違ってきます。

上司の肩にはそれだけの重責が課せられているということを常に意識して、新入社員の教育にあたってほしいと思います。

上司のルール

98

「仕組む」ことが大切

上司は部下に対して説明責任があります。そのため、何かをしようとするならば、部下が納得するような説明を加えなければなりません。

ところが、どうしても口ではうまく説明できないことも、現実的にはあります。どんなに説明しても、うまく相手に伝わらないとか、説得を繰り返しても、なかなか部下が納得してくれないというケースもあるはずです。

そんなとき、上司としては、部下がやらざるを得ないような状況を「仕組む」ことも必要ではないでしょうか。

私から見れば、とてもリーダーの素質を持っていると思えるのに、本人はそうは思っていない。こんなパターンの場合、「君にはリーダーの素質があるんだよ」「多くの部下に慕われているじゃないか」などと言葉を並べても、そう簡単に納得するものではありません。

もともと、リーダーの素質があると感じているのも、私の感覚的な部分にすぎないのです。これは実際にあったケースなのですが、その部下を無理矢理リーダーのポストに異動させて、実際にリーダーになるしかない状況に追い込んだのです。

すると、その彼はリーダーとしての才能を開花させて、非常に優秀な上司となりました。

また、一〇人のチームで一日五件の契約を取らなければならないという場合、二人一組のペアを作って、そのペアで一日一件の契約を取ってこなければならないという仕組みを作ったこともあります。

あるいは、営業の部署なら、毎日対戦相手を決めて、そのマッチアップした相手に契約件数で勝つと、賞金がもらえる制度を作ったりもしました。

私は常々、仕事というのは「仕組みとバランス」だと考えています。いかに効果的な仕組みを作って、いかにバランス良く配分し、実行していくかがポイントというわけです。

仕事、人事などの意味（理由）を部下にしっかり説明して、実行していくのが基本であることはたしかですが、ときには仕組みを先行させて、その結果から部下を納得させるという方法もあるということです。

上司のルール

99

理念・戦略を浸透させる四つのステップ

会社の理念、戦略、そのほかどんな物事でも、部門や部下に浸透させていくには、四つのステップがあります。

第一のステップは、上司が自分の言葉で、理念・戦略などの必要性、効果を話すということです。ここでのポイントは、あくまでも自分の言葉であることです。内容がしっかりと咀嚼されていて、「なぜ、必要なのか」「このようなケースでは、こんなふうに行動して欲しい」ということをわかりやすく伝えることが肝心です。

第二のステップは、それぞれの部下がどこまで咀嚼できていて、理解しているのかを確認するために、部下自身の言葉で語らせることです。

本書で述べている通り、自分の言葉で話せないということは、結局は理解が浅いということです。上司が部下に話すときはもちろんですが、それを聞いた部下が自分の言葉で話せないという状態では困ります。

また、部下が話すのを聞いていれば、どの部分が理解されていないのか、説明不足なのかを知ることもできるでしょう。

第三ステップは、いよいよ行動への落とし込みです。**理念や戦略を理解したら、具体的に自分の行動として、実行するということです。**その行動については、上司と部下、あるいは部下同士で共有することも大切です。したがって、朝礼などで、前日を振り返り、理念・戦略をどのように行動として実現したかを発表し合うといいでしょう。

すると、「ああ、こんなふうに戦略を実行する方法があったのか」と気づいてくれる部下もいるはずです。

最後の第四ステップは、会社全体として、理念、戦略に基づく行動を共有できる仕組み作りです。

具体的には、表彰制度や全社員で承認するシステムなどの整備でしょう。

この部分においては、ひとりの上司ではなかなか実現しにくいので、まずは自分の部署内で共有するシステムを整備していくことが先決です。

上司のルール 100

大所帯になったらリーダー制をしく

一言で上司と言っても、部下を二人持っている人もいれば、五〇人持っている人もいるでしょう。

大きな組織と小さな組織では、当然マネジメントの仕方が変わってきます。とはいえ、それぞれの部下としっかり向き合って、コミュニケーションをとり、信頼関係を築いていくという基本は変わりません。

「でも、五〇人もの部下と個人的な関係を築くのは無理ではないか」と感じる人も多いと思います。

それは私も同感です。**部下と本気で関わるなら、七人ぐらいがちょうどいい**と私は思っています（ファーストフード店のようにルーチンワークなら、一五人くらいまでOK）。

そこで、自分の下に五〇人の部下がいたら、私は間違いなくリーダー制を採用します。五

○人を七つのグループに分けて、七人のリーダーを選出するのです。

するると、私の直属の部下はリーダーである七人ということなので、私はその七人とのコミュニケーションに力を注ぎ、関係を構築していきます。

そして、リーダーたちは七~八名いるグループのメンバーとコミュニケーションをとっていきます。

誰をリーダーにするかという点でも、「どんどん仕事を部下に任せる」という意識が役に立ちます。これまでに、自分の仕事を部下に任せていた上司ならば、どの部下が自分の代わりとして仕事をこなしてくれるのか、どの部下にはリーダーとしてのスキルがあるのかなどが、実際の仕事のなかで検証済みなのです。

そして、新たにリーダー制をとることで、リーダーたちのマネジメントスタイルを見ながら、どんなところに優れ、どんなところに問題があるのかを見極めることもできるでしょう。

自分の部下に、さらに部下がいるという状況では、俯瞰してみられる分、上司として本当に必要なものが見えてくるかもしれません。

その意味でも、部下の数の多い上司の方は、ぜひリーダー制を試してみてください。

上司のルール

101

赤信号は渡らない

「四九対五一の法則」というのを知っていますか?

心のなかで判断をするときには、だいたい四九対五一くらいの僅差で、勝負がついていることが多いという意味の言葉です。

企業不祥事、個人の不正など、事件は後を絶ちませんが、その多くは最初から犯罪に手を染めようとしていたわけではありません。つまり、悪い心が一〇〇%ではないということです。実際には、五〇前後のところで自己と戦いながら悪い心が五一で、善い心が四九だったために、犯罪を犯してしまっているのです。人の心というのは、そのくらい微妙なものであり、言い換えれば、どんな人でも「わかっていたけど、ついつい…」とちょっとしたところで、悪いことをやってしまう可能性のある弱い生き物なのです。

交通量も少なく、人気《ひとけ》のない交差点では、たくさんの人が信号無視をして、赤信号を渡っています。最初は待っていた人でさえ、信号無視をしている人を見て、自分も無視するようにさえなってしまいます。

私は、そういった悪い心が蔓延しないように、善の心を養うように心がけています。善い心を持つということは、上司、部下を問わず必要なことです。

特に、上司であれば、より高い意識で、善い心を持ち続けて欲しいものです。会社においては、上司の判断が部下の行動を決定してしまうことも多いはずです。その上司の判断が、悪い心に支配されていたのでは、まったく意味がありません。

また、赤信号のように、周囲が渡っているから、自分も渡るというように流されないでください。

リーダーというのは人に流されず、自ら流れを作れる存在でなければなりません。人に流されてしまう人は、周りの流れが止まってしまったら、自分も止まってしまいます。一方、自ら流れを作れる人は、周りの流れが止まっても、流れ続けることができます。

ぜひ、自分の信念を持って、正しいことを貫き、間違いを正す勇気をもった上司になってください。そういった上司が、部下を育て、企業全体へと波及して、上質な企業文化が形成されていくのです。

あとがき

私には、仕事の基礎を教えてくれた上司がいます。

私は性格上、上から厳しくものを言われたり、無理強いされたりすることが好きではないのですが、その上司はうまく私に接してくれて、仕事人としての礎を築いてくれました。

その上司とのつき合いは二〇年近くにもなり、もちろん今でもつき合いがあります。

最近も、その上司と当時の部下四人が集まって、お酒を飲む機会がありました。そんな席では懐かしい話がたくさん出てくるのですが、驚くべきことは、そこに集まっている五人全員が今では会社を経営しているということです。

「これって、すごいことだなぁ」と思いながら、昔を振り返ってみると、やはりいい上司の下で働いている部下の多くは成績が優秀だったり、しっかりと成長しているものでした。

反対に、ダメな上司の下で働くと、部下たちはあまり成長していません。人は、誰と出会うか、誰に教わるか、誰に相談するかによって、人生が変わります。人の体が食べ物から吸収するビタミンやミネラルといった栄養素から形成されるように、人間の成長とは、良い言葉、良い思い込み、良い学びによって形成されていきます。つまり、仕事の現場でこれらを部下にインストールするのが上司です。それほどまでに、上司というのは大きな影響力を持った存在なのです。

私が慕う上司の下で仕事をした人間は、それなりに成長を遂げ、会社の経営者となって、今度は部下を育成する立場になっています。

私の下で働く部下たちは、もちろんその上司の存在など知りません。しかし、私という存在を通して、その上司の思い、遺伝子のようなものは脈々と受け継がれているはずです。

いい上司が一人いると、複数の部下を育て、その部下たちが上司になると、また複数の部下を育てる。この連鎖によって、すばらしい人材がどんどん社会へ送り込まれていくというのが、私の考える「上司学」の基本です。すばらしい上司となり、優秀な部下を育てるということは、それだけ大きな社会貢献なのです。

私はときどき「あの上司がいなかったら、自分はどうなっていただろう」と考えます。

あなたも多くの部下にそう振り返ってもらえるような、素敵な上司になってください。

嶋津　良智

●著者略歴

嶋津　良智（しまづ　よしのり）

1965年東京生まれ。大学卒業後、ＩＴ系ベンチャー企業に入社。

同期100名の中でトップセールスマンとして活躍し、その功績が認められ24歳の若さで最年少営業部長に抜擢。就任３か月で担当部門の成績が全国ナンバー１になる。

その後28歳で独立・起業し代表取締役社長に就任。翌年、縁あって知り合った2人の経営者と情報通信機器販売の新会社を設立。その3年後、出資会社3社を吸収合併、6年目に株式上場を果たす。

そして2005年、カルチャー・アセット・マネジメント株式会社を設立し、“ペイフォワードビジネスカレッジ”を主宰。

講演・セミナーなどで若手経営者・ビジネスマン・学生を中心に、次世代を担うリーダーの育成に取り組んでいる。

なかでも、24歳のときから上司として数多くの成功・失敗を繰り返してきた経験を活かして確立した「上司学」が好評を博し、そのマネジメント手法は、各種講演・セミナーで部下育成に悩む上司たちから絶大な支持を受けている。

カバーデザイン：渡邊民人
（TYPE - FACE）
編集協力：橋本淳司、飯田哲也

ご意見をお聞かせください

ご愛読いただきありがとうございました。本書の読後感想・御意見等を愛読者カードにてお寄せください。また、読んでみたいテーマがございましたら積極的にお知らせください。今後の出版に反映させていただきます。

☎(03)5395-7651
FAX (03)5395-7654
mail:webasuka@asuka-g.co.jp

あたりまえだけどなかなかできない　上司《じょうし》のルール

2006年12月31日　初 版 発 行

著　者　嶋《しま》 津《づ》 良《よし》 智《のり》
発行者　石 野 栄 一

明日香出版社

〒112-0005　東京都文京区水道2-11-5
電話（03）5395-7650（代表）
（03）5395-7654（FAX）
郵便振替 00150-6-183481
http://www.asuka-g.co.jp

■スタッフ■　編集　早川朋子／藤田知子／小野田幸子／金本智恵／末吉喜美
営業　北岡慎司／浜田充弘／渡辺久夫／奥本達哉／平戸基之／野口優　大阪支店　関山美保子
営業推進　小林勝　M部　古川創一　経理　須金由貴

印刷　三松堂印刷株式会社
製本　根本製本株式会社
ISBN4-7569-1030-0　C2034

編集担当　古川　創一

あたりまえだけどなかなかわからない 取締役のルール

天野　隆

取締役として仕事をする上で欠かせないものとは…。

「金」「人」「もの」「情報」などの面からやさしく解説しておりますので、基本からわかります。

定価1365円　'05/10発行　B6並製
216ページ　ISBN4-7569-0930-2

あたりまえだけどなかなかできない 会議のルール

宇都出　雅巳

会議運営手法である「ファシリテーション」をはじめ、アクションラーニングやコーチングなどの理論に、実際に会議やワークショップの運営をした経験を織り交ぜた101のルール。会議準備、運営・進行、建設的な意見を出す方法や会議参加者の心得を紹介します。

定価1365円　'06/11発行　B6並製
220ページ　ISBN4-7569-1039-4